著作権の世紀

福井健策
Fukui Kensaku

a pilot of wisdom

この厄介な制度に魅せられ、あるべき姿を考えつづけた先人たちに

はじめに

最近、取材などで「なぜこれほど著作権ブームなのでしょうか」と聞かれることがあります。著作権ブームは言い過ぎかもしれませんが、確かにビジネス上で、あるいは日常の話題のなかで著作権の登場頻度は高まっています。それはなぜなのか。

とりあえず「短期的にはディジタル化とネットワーク化の影響でしょう」と答えます。インターネット検索（ヤフー）をおこなうと、「著作権」という用語のヒット件数は実に五億件を超え「特許」の十倍、「温暖化」「エコ」「民主党」「自民党」という頻出単語を全部あわせたよりも多く、「TV」「インターネット」などの単語にほとんど匹敵します。これはひとつには各サイトに「著作権ポリシー」と呼ばれる注意表示が載っているからでもありますが、いかにネット社会と著作権の親和性が高いかがうかがえます。

それから、「しかしネットなどの最近の動きだけではなく、中・長期的には二十世紀からの文化や社会の歩み自体が、著作権や情報占有ということが強調される下地になっているように思います」とつづけます。

後で詳しく述べますが、二十世紀の百年間は、印刷・映像・音楽など情報の複製技術、通信技術が発達し、流通する情報量が飛躍的に増えた百年間です。技術の発達は文化産業の巨大化や芸術表現の革新を生む一方で、情報の拡散を容易にし管理を難しくしました。その結果、作品などの情報をいかに囲い込むか、言いかえれば、いかに管理して収益を確保するかが関係者の大きな関心事になり、情報占有のための最強の制度である著作権の存在感が高まりました。ディジタルとネットの普及でこの傾向がさらに加速しているのが、二十一世紀になって一〇年目の現在の状況といえるでしょう。

かつて、航海術の発達は西欧にとっての「世界」を広げ、列強による世界分割がその後数百年にわたる世界の力の秩序を大きく方向づけました。同じように、過去百年間の技術の発達は情報の海を広げ、あらゆるレベルでその囲い込みや収益をめぐるせめぎあいを激化させているように見えます。世界規模のコンテンツ産業の再編やディジタル化をめぐる各種の論争もその一環と見ることができるでしょう。それは、今後の世界のパワーバランスや私たちの社会に決定的な影響を与えるかもしれません。

本書では、最近のさまざまな話題や論争を「テクノロジー」「多次的創作」「アーカイブ」「著作権リフォーム」「擬似著作権」といったキーワードで眺めつつ、変わる「情報の流通と独占」のかたち、「著作権の世紀」のいまを概観したいと思います。

目次

第五章　アーカイヴィングの現在 ——電子図書館、番組ライブラリー、フィルムセンター——131

第六章　変容する著作権——リフォーム論、DRM、パブリック・ライセンス——161

第一章　情報の独占制度

情報の「非競合性」と「非排除性」

著作権は、創造の果実といえる一定の情報（＝著作物）について、創作した人に一定期間与えられる独占的な権利です。ここでいう情報には、文字だけでなく音楽、映像、写真、ソフトウェアなどが幅広く含まれます。その点で著作権は、広く「情報の独占を許す制度」です。

情報というものは独占に向かない面をもっています。というのは、情報はひとりで使おうが百人で使おうが減りませんから、大勢で使うほうが基本的にはみんなが得をします。その点だけをとらえるなら、誰かのものとして独占させる理由は少ない。これを「情報の非競合性」といいます。

そのうえ、物と違って占有管理が難しい。お金や土地のような形のある物なら、金庫に入れたり柵で囲うことで管理できます。それに人に使われたらすぐわかります。けれども、情報は誰かが「借り」てもなくならないし、どこかで誰かがそれを使ってもわかりにくい。無理というほどではありませんが、占有管理はしづらい。これを「情報の非排除性」といいます。

加えて、情報の自由な流通をできるだけ人為的に妨げないのが、民主社会の基本的なルールです。これはしばしば「思想の自由市場」などと呼ばれる、「表現の自由」を支える考え方です。

ところが、著作権とは、その自由流通性をもつ情報のうちの一部だけを切り取って、特に独占を認める制度です。つまり、権利者（「著作権者」といいます）がいて、権利者の許可がなければその情報を流通させることができないという意味で、著作権は情報の独占制度という性質をもっています。

ではなぜ、著作権という制度が存在し、なぜ、独占が正当化されるのか。もちろん自分たちが生み出した作品をコントロールできることは、創作者側の自然な欲求でしょう。しかしそれ以上に、一定期間作品が無断利用されず、利用からは対価を得られることで、創作者とそれを支える人々が作品で生活の糧を得る機会を保障する。それがさらなる創作の原動力になるという、「創作振興」の面から著作権と情報占有をとらえようとする考え方が有力になってきています。

こうした創作振興の面を一方で見つめ、情報の自由流通性を他方で見つめながら、望ましい独占の範囲を考えていく必要があります。

「創作的な表現」と「ありふれた表現」

さて、著作物とは何かといえば、法律では「思想又は感情を創作的に表現したものであつて、文芸、学術、美術又は音楽の範囲に属するもの」をいいます。長い定義ですから思いきって刈り込んで「創作的な表現」、これだけは覚えていただければと思います。「創作性」という言葉は「オリジナリティ」といいかえられることもありますが、高度な独創性は必要なく、その人なりの個性が表れていれば足ります。ですから、ブログの文章や投稿サイトのみじかい書き込みなどでも、十分に著作物になり得ます。

このように著作物にあたる情報は身の回りには無数にあります。それでも、あまり社会の中で使えない情報ばかりにならないように、「創作的な表現」という定義自体が一定の歯止めとして働いてはいます。たとえば、人の真似やありふれた表現は、創作性がないため著作権による独占は及びません。「ありふれた表現」を別な面からとらえれば、「定石的な表現」ともいえます。

普通のスナップ写真も著作物か――『東京アウトサイダーズ』事件

この点で最近話題になった事件に、一般の方が撮ったスナップ写真は著作物なのか、という二〇〇六年の裁判がありました。名づけて『東京アウトサイダーズ』事件、です。日本在住のジャーナリストとして知られるロバート・ホワイティングさんが、終戦後の日本で活躍した異能の外国人たちをルポした『東京アウトサイダーズ　東京アンダーワールドⅡ』という書籍があります。その中で「東京の夜を我が物にした」といわれる、元ＣＩＡのウォリー・ゲイダという人物をとり上げて、口絵にゲイダ氏の写真を一枚載せました（図版参照）。

ウォリー・ゲイダのスナップ写真（中段。ロバート・ホワイティング『東京アウトサイダーズ』角川文庫より）

口絵写真のサイズは五×六センチ程

度と小さめで、この方の元の妻が、結婚していた当時に撮ったスナップ写真だったそうです。ご覧のとおり使われたのは顔の部分だけですが、元の写真は庭先で彼が子供を抱いていて、その向こうには海が見えます。公平に見て、普通のスナップです。

作家が写真を手に入れたのは、ゲイダ氏の友人からだったといわれていますが、撮影者には特に承諾はとらなかったところ、元妻から著作権侵害で訴えられました。ホワイティングさんは少し驚いたかもしれません。顔だけの写真で、写ったゲイダ氏の肖像権（後述）の問題ならともかく、写っていない元の妻が訴えてきたのですから。

さて、著作権侵害というからには、元のスナップ写真が著作物であることが大前提です。著作物でなければ、著作権や著作者人格権に関する限り、話は終わりです。果たしてこのスナップ写真は著作物でしょうか。

第一印象をいえば、かなりありふれている。失礼ですが、露出やシャッタースピードのことなど、あまり考えないで撮っただろうと想像します。ゲイダ氏の表情はうまく活写されていますが、これで著作物になるなら、おそらくたいていのスナップ写真は著作物でしょう。

著作物だとすると、たとえ被写体の人物が掲載を許可したとしても、撮影者が嫌だと言ったら写真は掲載できません。本に載せるのは無断複製・無断譲渡であり、著作権侵害になってしまうからです。

そして、これは著作権を考える際に念頭におくべきことですが、著作権は作品の創作者が生きている間と、亡くなった後も五十年間かそれ以上、全世界で守られるのが原則です。欧米では一九九〇年代以降、死後七十年間保護する時代に入りました。著作者の死後は、利用には原則として相続人全員の許可が必要です。撮影者の全相続人から承諾をとらないと、写真は使えません。

他方、写真が著作物でない場合には著作権はありませんから、被写体の肖像権の問題さえなければ、撮影者の許可なしに載せても違法ではありません。こうしたことも念頭におきながら、ある情報が著作物かどうかを判断する必要があります。

果たして裁判所は、一審・二審ともこのスナップ写真を著作物だとして、侵害を認定しました。被写体の構図とシャッターチャンスに撮影者の個性が認められるという判断です。

筆者はやや違和感も覚えましたが、いずれにしても、著作物になるためのハードルを裁判所はかなり低く考えていることがわかる判決です。

キャラクターの保護範囲──「村上隆対ナルミヤ」事件

同じように、ありふれた表現かどうかが問題になるものとして、「比較的単純なキャラクターデザイン」が挙がります。たとえば、「スマイルマーク」などが典型例でしょう。キャラクターをめぐる記憶に新しい事件では、現代美術家の村上隆さんが、服飾メーカーのナルミヤ・インターナショナルを訴えた裁判があります。

村上さんといえば、サザビーズの海外オークションで作品に約十六億円の値がつくなど、現代アートブームや海外でのオタク文化人気を代表する人物です。その村上さんが作品として発表してきたキャラクターに、「DOB君」（ドブくん）というものがあります。他方、ナルミヤも少女たちを中心に大変人気のある服飾メーカーです。そのナルミヤが販売したTシャツなどに「DOB君」と似た「マウスくん」という図柄があり、村上さんは、著作権侵害を理由にナルミヤを訴えました。裁判は二〇〇六年に和解で終わり、判決は出ていないのですが、ナルミヤは数千万円の和解金を支払ったと報道されています。

⑴村上隆「DOB 君」、⑵〜⑷ナルミヤ「マウスくん」（裁判所が類似性を認めたとされるもの）、⑸同（裁判所が類似性を否定したとされるもの）
http://www.kaikaikiki.co.jp/news/list/murakamis_lawsuit/より

ここまではよくある話です。ところが、この和解の後、東《あずま》浩紀《ひろき》さんなどの言論人が、「村上隆は、ミッキーマウスなどのパロディとしてDOB君を作っておきながら、他者からデザインを借りられると訴えるのか」といった文脈で村上さんを批判したのです。

　先ほど「単純なキャラクターでは著作物性が問題になる」と書きましたが、もちろん筆者は「DOB君」は全体としては創意に満ちた、立派な著作物だと思います。ただ、この例では、特にナルミヤの「マウスくん⑸」に興味をひかれました。裁判所も和解を勧める際に、「マウスくん⑸」については著作権侵害にあたらないという見解だったそうですが、読者の皆さんはどう思われますか。

確かに「DOB君」と似ている要素はありますが、その多くは、大きな円形の耳のあるネズミ的な造形など、「ミッキーマウス」にも見られる特徴です。似ているかどうかの議論では、そういった先行作品にも見られる要素は除いて考えます。なぜなら、その要素については村上さん自身も先行する作品に負っているからです。

このように「ありふれた・定石的な表現」を著作権の保護対象から除くのに加えて、情報独占に対する歯止めは、ほかにもあります。

たとえば、歴史的事実やデータは著作物から除かれます。また、アイディアや着想レベルの情報も、創作的な「表現」ではないので除かれます。そのため、たとえばあるドキュメント作品が全体としては著作物でも、それを読んだ人が作品から生のデータや社会的事実だけを借りるのは、創作的な表現を借りていないから許されます。また、ある小説を読んだ人がその作品の基本的な着想だけを借りて、別の作品を書くことも許されます。

共有されたほうが社会や文化のためになる情報を独占対象から除くという意味で、これらは著作権にあらかじめ組み込まれた「安全装置」である、ともいえるでしょう。

二行のフレーズを独占できるか――「槇原敬之《まきはらのりゆき》対松本零士」事件

大きな話題になった事件で、「どこまでの情報に独占を許すか」を問いかけたのが、漫画家の松本零士さんとシンガーソングライターの槇原敬之さんの、フレーズ盗作をめぐる裁判です。当事者の顔あわせはインパクト十分ですが、果たしてどんな事件でしょうか。

発端は、二〇〇六年にＣＨＥＭＩＳＴＲＹが発表したマキシシングル『約束の場所』に、槇原さんが同名の曲を提供したことでした。図Ａのような歌詞です。槇原さんらしい、明朗で前向きなメッセージですね。

ところが、その後しばらくして、松本さんが講演会などで、このうちの「夢は時間を裏切らない　時間も夢を決して裏切らない」というフレーズは、彼が漫画『銀河鉄道９９９《スリーナイン》』の中で使った言葉の盗作であると発表したのです。図Ｂのシーンのフレーズです。『銀河鉄道９９９』はいわずとしれた、松本さんの代表傑作です。筆者も少年時代、大ファンでした。『999』の着想の元になった、宮澤賢治の『銀河鉄道の夜』を読んで胸打たれたのは後年のことです。少年時代の筆者にとって「銀河鉄道」とは、鉄郎少年とその亡き母に似た美しいメーテルが、星の海をどこまでも二人だけで旅する物語を指していました。

著名人の盗作疑惑ということで、メディアは大きく取り上げました。槇原さんはこれに猛反発。「個人的な趣味により、『銀河鉄道999』は読んだことがない。自分が読んでいたという根拠を示してほしい」と主張して、逆に松本さんを提訴します。

［前略］
どれだけ時間がかかっても
夢を叶えるその時まで
あくびもせかす事もせず
未来は待ってくれていた
夢は時間を裏切らない
時間も夢を決して裏切らない
その二つがちょうど交わる場所に
心が望む未来がある
夢を携えて目指すその場所に
僕がつけた名前は「約束の場所」

図A　槇原敬之詞・曲『約束の場所』（2006年発売）

侵害が成立するふたつの条件

前著『著作権とは何か』でも書きましたが、ふたつの作品が偶然似ていても著作権侵害にはあたりません。ですから、著作権侵害（翻案権侵害）を主張する側は、相手が①オリジナル作品を見て、あるいは聞いて（＝依拠性）、②よく似た作品を作った（＝類似性）、という二点を証明する必要があります。もっとも、「見た、聞いた」ことの直接証明は難しいので、しばしば①の条件は「疑わしい状況」で示していくことになります。

さて、①「見ていたと疑われる状況」について、『銀河鉄道９９９』は映画化やＴＶアニメ化もされた大ヒット作で、筆者や槙原さんの世代では読んでいる方は多いはずです。ただ、この事件の当初、筆者には不思議なことがありました。『銀河鉄道９９９』は繰り返し読んだはずなのに、問題の「時間と夢」のフレーズを読んだ記憶がなかったのです。

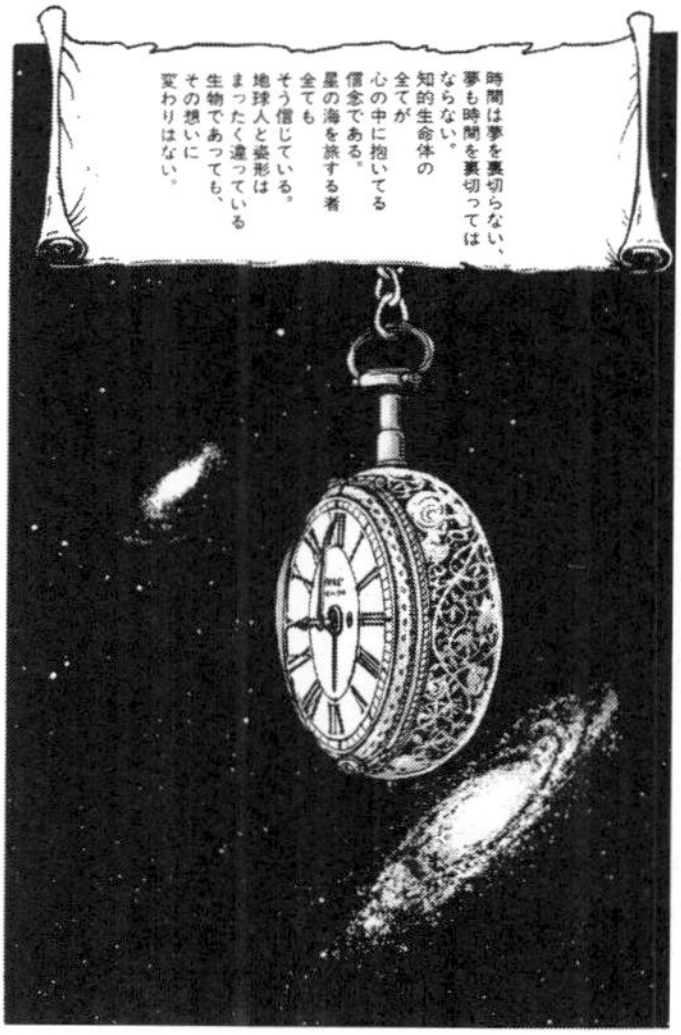
時間は夢を裏切らない、
夢も時間を裏切ってはならない。
知的生命体の全てが
心の中に抱いてる
信念である。
星の海を旅する者
全ても
そう信じている。
地球人と姿形は
まったく違っている
生物であっても、
その想いに
変わりはない。

図Ｂ　松本零士『銀河鉄道999(21)　銀河鉄道物語』195頁（初出「ビッグコミックスペリオール」平成17年2月15日増刊号）

この疑問は、詳細な情報を聞いて氷解しました。図版の出典をご覧ください。「ビッグコミックスペリオール平成17年２月15日増刊号」とあります。つまり「時間と夢」は新シリーズに登場したフレーズなのです。増刊号ということで、筆者も不勉強で読んでいませんでした。読んでいないという槇原さんの主張にも、信憑性《しんぴょうせい》がある気がしてきます。

二〇〇八年、東京地裁は、槇原さんが『銀河鉄道９９９』を見ていた根拠はないとして、松本さんに二百二十万円の損害賠償を命じ、その後、控訴審で松本さんが槇原さんに陳謝する内容の和解が成立しました。

ところで、こうした事件では、「見ていたのか＝真似しようとしたのか」という、わかりやすい真相究明に報道の関心が集まることがありますが、筆者はもっと大切な問題が「時間と夢」論争にはあると思います。

それは、村上隆さんの事件で問題になったのと同じ、②の類似性です。つまり、仮に槇原さんが『銀河鉄道９９９』を読んでいて、問題の言葉に触発されて『約束の場所』を書いたと仮定しても、二行のフレーズがこの程度似ていると著作権侵害なのか、ということです。

批評の問題と法的な禁止

およそないまぜになって受け取られがちですが、著作権侵害は「不快・失礼な程度に似ている」こととはレベルの異なる問題です。

著作権侵害とは、その表現は禁止され存在を許されないということであり、金銭的な損害賠償の根拠になり、故意におこなえば刑事罰の対象にもなります。刑事罰は二〇〇四年以降急速に厳罰化が進んだため、最高では懲役十年、罰金一千万円まであり得ます。著作権侵害とは、表現を禁止されたり賠償責任を問われてもやむを得ないほどに問題性の高い場合をいいます。

世の中には、参考にされたり借りられた側からすれば、「失礼極まりない」と思える作品は数多くあります。しかし、この「不快・失礼」がすべて、表現禁止や損害賠償にふさわしいわけではないでしょう。

私たちが考えなければならないのは、たとえば「参考文献にも挙げないのは失礼だ」、あるいは「この作品は先人の業績の消化が不十分で、未熟だ」という「言論・批評」の問題と、「この作品は禁止・排除されるべきだ」という「違法」の問題を区別して、どこに境界線を引くか、ということです。仮に先人に対して失礼ならば、関係者や第三者がそう指摘する論評を発表し、人々がその意見を支持して作者が自作と改めて向きあわざるを得なくなることが、ひとつの解決です。筆者は、日本でそうした創作者の胸元をえぐるような社会的論評がもっと機能していれば、そもそも必要なかったと思える「著作権侵害訴訟」をかつていくつも見た気がします。

ここで、槇原さんが仮に松本さんのフレーズに感銘を受け、それをアレンジして自分の楽曲に使ったと仮定してみましょう。

両作品では「夢」は理想を、「時間」はその理想が実現するまでの長い道のりや努力を表しているように思えます。気が遠くなるような時間がかかっても理想を捨てるべきではないし、また、かけた時間や尽くした努力はきっと報われる——おそらくそんなメッセージがここにはあるように感じました。この程度に似ているフレーズは法的に利用禁止されるべきでしょうか。いいかえれば、松本さんはこの程度に似ているフレーズを含めて、表現を長期間独占できるべきでしょうか。

著作物から除かれる実用品のデザイン

著作権とその他の知的財産権

	著作権	意匠権	特許権	実用新案権	商標権
対象となる情報	広く創作的な表現	美感を伴う物品のデザイン	発明（自然法則を利用した創作的な技術的アイディア）	物品の形状・構造等の考案（アイディア）	文字・図形その他のマーク
権利の発生条件	自動的	特許庁への登録			
権利の及ぶ領域	ほぼ全世界	原則として国内			
保護期間の原則	著作者の生前プラス死後50年間	登録から20年間	出願から20年間	出願から10年間	登録から10年間（ただし更新可能）
権利の及ぶ利用	複製・公衆送信・翻案その他の広範な利用	その物品を製造・譲渡する等の実施行為	その物を生産・使用する等の実施行為（物の発明の場合）	その物品を生産・使用する等の実施行為	指定商品・役務や類似の商品・役務に（商標的に）使用する行為

「創作的な表現」と並んで、情報独占に対するもうひとつ大きな例外を挙げましょう。それは実用品のデザインです。

たとえばボールペンのデザイン。あるいは乗用車や、既製服のデザインなどです。こうした産業デザインは「応用美術」といって、基本的に著作物にあたらない、とされています。

著作物にはあたりませんが、「意匠登録」という制度があります。これは、著作権のように創作さえすれば自動的に守られるものとは違って、特許庁に出願して登録を認められたデザインについて、似たデザインの物品を製造することなどは許されなくなる、という制度です。ただし、著作権に比べると、期間・地域・効力などの点でかなり限定的な権利ではあります（同様に「実用新案登録」という制度もありますが、やはり限定的なものです）。

そのせいもあって、実際に意匠登録される産業デザインはごく一部のようです。登録がされていない限り、似たデザインを使うことは基本的に自由です。また、意匠登録・実用新案登録されたとしても、そもそも既存の製品を写真や映像に撮って使うとか、イラストで使うことにまでは権利は及びません。こうした利用は、原則として誰でも自由にできます。つまり、応用美術は情報としては独占できず、自由利用という制度設計になっています。

実用品のデザインが除かれる理由

実用品のデザインを多かれ少なかれ著作物から除くのは、国際的にもよく見られるルールですが、なぜそんな考えがとられるのでしょうか。

たとえば、左頁のボールペンです。なぜ、このデザインを著作物として設計者に独占させないのでしょうか。「量産品のデザインだから」というのは理由になりません。書籍や

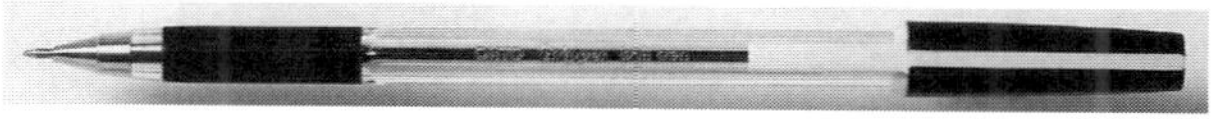

商品名／No.800G　発売元／オート株式会社
1978年11月、鉛筆型ボールペンに初めてグリッパーを付け、当時では珍しい二重成型のキャップを採用したラインキャップのグリッパーボールペンとして登場。インク色は黒、赤、青、グリーンの4色だった

ＣＤも量産されますが、収録される文学や音楽は著作物です。「意匠権があるから」という説明もあまり本質的な答えとは思えません。なぜ実用品のデザインには著作権でなく、意匠権という弱い権利しか与えないのか、という疑問に答えていないからです。

この握りのラバーの部分を例にとりましょう。筆者が子供の頃にはまだこのデザインは一般的ではありませんでした。プラスチックだったり、ステンレスの握り部分が多かったのです。中学生のとき、握りがラバーになったボールペンが発売されて、それはカッコよく見えました。

しかし、カッコよいだけではありません。それまでは握りの部分が硬いので、長時間字を書いていると指が痛くなる。それに、汗でヌルヌルになったりしました。このラバーグリップを使うと、握るのが少し楽な気がします。長時間使っていても、それほど疲れません。

つまり、ラバーの握りのデザインは、「こうすると握り易く、疲れない」という機能（アイディア）と一体になっているのです。では、このデザインを、最初に考案した人が著作物として独占できるとどうなるか。

著作権は登録が不要ですし、創作者の生前と死後五十年間、類似したデザインを独占できます。仮に考案者の許可がなければ似たデザインを誰も利用できないとなると、その機能も誰も利用できないわけです。デザインを変えて、いわば握りにくいペンを作り続けなければなりませんが、それは社会のためにならない。だから、機能性と結びついたデザインは独占になじみにくい。

こうした考え方を、「機能性」の議論とか、専門用語で「アイディアと表現のマージ（一致）」などといいます。機能性という制約を受けて作られたデザインは（美的な意味での）創作性が乏しいから著作物にあたらない、と説明することもできるでしょう。

著作物と認められるふたつの場合

ただし、実用品のデザインの中でもふたつのケースだけは、例外的に著作物と認められます。

第一は、一品製作の美術工芸品です。たとえば、当代の楽吉左衛門《らくきちざえもん》の作った楽茶碗《らくぢゃわん》などです。吉左衛門さんの茶碗には、素人が見ると、「ひょっとするとお茶を点《た》てにくいのでは？」と余計な感想を抱くほど斬新《ざんしん》な形のものもありますが、あくまで茶碗ですから実用品です。

実用品のデザインだからといって、吉左衛門の茶碗が著作物でない、ということになると少し困ります。著作物でなければ、誰かが写真に撮って「吉左衛門作品集」を勝手に出版してもよいことになるからです。そこで、こういう一品製作の美術工芸品は、実用品でもほかの美術品と同様、著作物と認められています。

第二は、高度の美術性がある場合です。「独立して鑑賞の対象になるくらい高度の芸術性・審美性があれば、実用品のデザインでも著作物になる」といわれます。

これは、著作物になるハードルを上げているのですね。他の著作物では、芸術性の高さなどは問われません。「創作性」が認められさえすればよい。そこに描いた人の個性が表れていれば、それだけで著作物として全世界で守られます。ですから、筆者の描いた落書

きだって、立派な著作物です。ところが、実用品のデザインは先に挙げたような理由で原則として自由流通とされていて、「高度の美術性」という、いささか曖昧《あいまい》な高いハードルをクリアしたものだけが、特に著作物として守られるルールです。

実用品とは何か―「海洋堂フィギュア」事件

こうした実用品除外論のために、有名作品なのに著作物であることが否定された例もあります。

「海洋堂」という会社をご存じでしょうか。チョコエッグのようなお菓子の付録についてくる精巧な模型（フィギュア＝食玩《しょくがん》）で人気を博した造形集団で、「海洋堂の軌跡展」などの巡回展が全国の美術館で開催されるなど、現代美術の側面でも高く評価されている団体です。その海洋堂のフィギュアが著作物かどうか、法廷で争われた事件があります。

相手は、まさにチョコエッグを販売していたフルタ製菓。同社は海洋堂との間で、チョコエッグなどの売上に応じて歩合の使用料（いわゆるロイヤルティ）を支払う契約を結んでいました。裁判の背景にはさまざまな経緯があったようですが、直接の原因は、フルタが売上を過少申告するなど、海洋堂に少ないロイヤルティしか支払わなかったこととされています。

二〇〇三年、海洋堂から支払の裁判を起こされたフルタは、おもしろい反論を展開しました。いわく、「海洋堂のフィギュアは著作物ではない。著作物でないならば、通常デザイン料はもっと安い。だからそんなに支払う必要はない」。簡略化しましたが、要旨はこんな主張です。

「払う約束をしておいて、それはないだろう」と思われる方もいるでしょうが、裁判所はこの反論を争点のひとつに取り上げました。未払金の話だったはずが、海洋堂フィギュアの著作物性が争点になってしまったのです。

問題になったフィギュアは、「妖怪《ようかい》」「不思議の国のアリス」「動物」の三シリーズです。

このうち「妖怪」シリーズを手がけたのは竹谷《たけや》隆之さんという造形作家でした。「妖怪」シリーズの相当部分は、江戸時代の絵師鳥山石燕《とりやませきえん》の「画図百鬼夜行」に基づいて竹谷さん

左：造形総指揮：竹谷隆之／原型制作：谷口順一「鎌鼬」（かまいたち）
右：造形総指揮：竹谷隆之／原型制作：竹谷隆之「狂骨」（きょうこつ）

が独自のアレンジを施した作品です。

筆者は、食玩には従来興味はなかったのですが、この「鎌《かま》鼬《いたち》」を見たときにはうなりました。尻尾が鎌になった物《もの》の怪《け》が空中ですばやく回転する刹那《せつな》、野地蔵を一刀両断にした瞬間を見事に切り取っています。対する「狂骨」は、井戸の中から狂った骨が出てくるという、もうコンセプトからして嫌な作品です。

注目していただきたいのは、ここで二審の大阪高裁は、「こうした食玩は菓子のおまけなので実用品であり、よって、純粋美術と同程度の（＝高度の）美術性がなければ著作物ではない」と判断したことです（傍点とカッコ内筆者。一審の大阪地裁も同旨）。

そのうえで大阪高裁は、「アリス」「動物」シリーズはモデルになる動物や原作の挿絵があることもあって、「そうした美術性があるとまでは言えない」と判断しました。これに対して、「妖怪」シリーズは、「相当な美術性がある」とされました。

つまり、「妖怪」シリーズだけを著作物と認めたのです。残るシリーズについては著作権がないため、それこそ誰かが写真を撮って無断で海洋堂作品集を出版しようが、構わないことになります。

フィギュアは実用品か？

どうしてそういう、作家同士の人間関係が難しくなりそうな判決を出すのだという話はさておいて、筆者は疑問を感じました。そもそもこのフィギュア、実用品でしょうか。裁判では「菓子のおまけだから実用品」とスムーズに認定されていますが、フィギュアが実用品だとしたら、その実用目的とは何でしょう。筆者が授業をもつ大学で学生たちに尋ねても、フィギュアの用途は一種類しか挙がりません。飾って見ること、つまり鑑賞目的です。

筆者の推理では、これは何か隠している学生がいます。おそらく、フィギュア同士でごっこ遊びなどをした人も、中にはいるのではないか。「動物」シリーズを使って、ライオンとトラはどっちが強いか、ライオンは集団で行動するから、一頭同士だと実はトラが強い、とか言って戦わせた人もいるのではないか、という気もします。

しかし、そうした例外を除けば、目的は鑑賞以外考えられません。鑑賞目的で実用品だと言うなら、ゴッホの絵だって実用品です。

実用品の著作物性には、こうした未解決の問題があります。デザイン以外の情報にもいえることですが、どのようなデザインが、なぜ著作権による独占に適するのか（あるいは適さないのか）、まだまだ議論を深める必要がありそうです。

「薄い著作権」という考え方

以上のように、著作物かどうかの境界線上にある作品は少なくありません。

著作物であるかそうでないかによって、扱いは大きく変わります。著作物だとして類似の表現も含めて長期間独占させることも、反対に著作物ではないとしてまったくの自由利用の領域に置くことも、いずれもためらわれるケースもあります。

そうした境界線での解決策はひとつ提示されていて、「thin copyright」、つまり「薄い著作権」といいます。著作物だとは認めるが、デッドコピー（完全に丸写しすること）のような利用法だけをアウトと考える発想です。

ぎりぎりで著作物にあたるということは、逆にいえば独占の必要性はやや薄い、あるいは独占させる弊害がそれだけある情報といえます。ですから、デッドコピーや、かなり酷似した他人の作品だけを侵害とする。一部が利用された場合や、似ているが酷似とはいえないような作品は著作権侵害とみなさない――そういう考え方です。

比較的単純なキャラクターやデザインなど、周囲の情報を幅広く含む独占には向かないものの、自由にデッドコピーされるのも困るようなケースでは、こうした「薄い著作権」の考え方が解決につながるかもしれません。

ある作品を著作物と認めるか、そして著作物だとしてもどのような利用に著作権が及ぶと考えるかは、先に述べた「情報の自由流通性」と「創作振興」のバランスにかかわる問題です。こうしたバランスをはかりつつ、どこまでの情報に独占を許すかという、極めて政策的な判断であるともいえます。

第二章　対立するテクノロジーと著作権

ネット配信にかかわる権利

本書の冒頭で、ディジタル化・ネットワーク化による情報の拡散性の高まりということを書きました。それは具体的には、「許諾のない情報流通と個人によるコピーの増大」というかたちとなって現れています。

ネットで情報を流すことは、著作権法では「公衆送信」と呼ばれます。他人の著作物を許可なくネットにアップロードすると、原則として公衆送信権の侵害にあたります。加えて、情報をアップすることは、たいていはどこかのサーバー（ウェブサイトなどの置かれたコンピュータ）に情報を記録する行為ですから、無断でおこなえば複製権の侵害でもあります（図表：著作権に含まれる権利参照）。

日本ではじめてインターネットの利用者が全人口の一〇％を超えたといわれるのは一九九八年です。その前後、ＭＰ３というデータの圧縮技術が現れ、大容量・高速のブロードバンド回線が普及してくると、高音質の音楽などを配信する「違法ＭＰ３サイト」が社会問題になりました。つまり、ＣＤの音楽などを無許可でリッピング（コピー）して配信用

著作権に含まれる11通りの権利

①複製権	⑦頒布権
②上演権・演奏権	⑧譲渡権
③上映権	⑨貸与権
④公衆送信権等	⑩翻訳権・編曲権・翻案権等
⑤口述権	⑪二次的著作物の利用権
⑥展示権	

のウェブサイトを立ち上げて流してしまうのです。こうした配信に対処するため、それまでの規定を整理して導入されたのが、公衆送信権でした。

ネット配信での大規模侵害——「464.jp」事件

この、「高音質・高画質な音楽や画像を手軽に流せる」ネット配信の特徴がよくわかる事件で、筆者も関与したのが、「464.jp」事件という漫画の立ち読みサイトの事件です。

サイトを立ち上げたのは、漫画喫茶の経営者の男性などです。彼らは、井上雄彦《たけひこ》、ちばてつや、永井豪、本宮ひろ志などの人気作家の漫画を次々と裁断機でページごとに裁断し、そのままスキャンした画像を無断でウェブサイトに掲載して、「漫画五万冊試し読みできる」という触れ込みで誰でも自由に読めるようにしたのです。十分なダウンロードの防止手段も講じられませんでした。まあ、豪気といえば豪気です。

試し読みとは謳《うた》っていますが、何冊でも、何度でも読めますから、画面上で読むのでも構わない人にとっては基本的に漫画を買う必要がなくなります。そのためアクセスが急増して、サービス開始から四ヶ月後には閲覧数は最大で一日十万ページビューまで達しました。毎日ですから大変な規模です。最初は無料でおこなっていましたが、やがて会員制に移行して会費を集めはじめました。

二〇〇六年、約二百万円の会費を集めた段階で逮捕されます。

もちろん法的には複製権・公衆送信権の侵害で、男性らは執行猶予付きの有罪判決を受けました。筆者の事務所はこの時点で、前述した漫画家など十一名から、損害賠償請求の訴訟を起こすことを依頼されたのです。

事務所メンバーが損害額を計算したところ、驚くほど高額になりました。なにしろ一日十万ページビューで、実質的には「Ｙａｈｏｏ！コミック」のような漫画の正規配信サービスと同じことをしているのです。この場合にどうやって賠償金額を割り出すかというと、「被害者は著作権使用料に相当する額を侵害者に請求できる」旨の規定が著作権法にあります。そこで、正規の配信サービスでこれほど大量に配信されると漫画家はどれだけ使用料を受け取れたはずか試算したら、トータルで一億八千万円になってしまいました。

もっとも、漫画家側もお金が主目的ではなかったので、金額を削って、裁判ではその一部、十一名で二千万円ほどを請求しました。東京地裁は二〇〇七年、漫画家全面勝訴の判決を下しましたが、判決の中で「本当の損害額は一億八千万円であった」と付言したため、メディアやネット上ではかなりの衝撃が走ったようです。

発信者にとってのネットリスク

著作権侵害の損害額としては、（しかもほとんど個人の行為だったことを考えると）日本では異例な額でした。このことは、権利侵害の「被害者」だけでなく、情報を流す「加害者」にとってのネットのリスクも端的に表しています。

昔の海賊版ならば、ここまで簡単に損害額は膨らみません。たとえばＶＨＳの時代には、海賊版ビデオを作ろうとすれば大変でした。ずらりとビデオデッキやダビング機を並べて、一日でいったい何本作れたでしょうか。しかも、それをどこかで売らなければならない。

組織的な犯行でない限り、さばける数は限られます。

ところが、ディジタル複製の技術ができて、高速・高画質・高音質な複製が可能になった。しかもネットの場合、サーバーにデータを置いておくだけで、大変な数のアクセスが集中することがあり得ます。

複製・流通が容易な半面、損害額も膨大になり、無断配信した人が高額の責任を負うこともあり得る。同じことは名誉毀損《きそん》や、しばしばメディアをにぎわす個人情報の漏えい事件にもいえます。ネットの最大の強みが、送り手にとってのリスクでもある。そのことを感じさせた事件が「464.jp」でした。

動画投稿サイトの登場

ところが、こうした正面突破型とも言える無断配信や海賊版は、本書執筆時には中国などで深刻な被害も指摘されていますが、国内では必ずしも爆発的に広がってはいません。

むしろ利用が増え続けているといわれるのは、前著でも触れた「ウィニー」や「シェア」などのファイル交換ソフトを使った、不特定多数の個人間でのデータコピーです。日本レコード協会によれば、二〇〇七年、ネットを介して正規ダウンロードされた音楽は約四千四百万曲であるのに対して、ファイル交換ソフトなどを使って無許諾でダウンロードされた音楽は、約十一倍の五億三百万曲に達したとされます。

加えて、この数年間で利用者が急拡大して話題の中心になったのは、動画投稿サイトを代表格とするグレーな投稿型のサービスです。

代表例は、「ユーチューブ」(YouTube)でしょう。ユーチューブは、カリフォルニアで、二〇〇五年に二人の若者が起業したサービスです。簡単な会員登録さえすれば、誰でも無料で十分間までの映像をサイトにアップでき、全世界の誰でもそこそこの画質でアップされた映像を見ることができる。大げさにいえば、誰でも放送局になれるサービスです。

その手軽さが受けて、短期間で爆発的に動画数と利用者を増やし、関係者によれば今や一日一〇億ページビューを超えるほどの、圧倒的な影響力を誇っています。検索サービス最大手のグーグル(Google)に十六億五千万ドルで買収されたのが二〇〇六年秋。同種サービスも、日本のニコニコ動画、中国のYoukuなど、世界中にあります。

ユーチューブを買収する際、グーグルは二億ドルもの訴訟対策費を用意したといわれます。動画配信サイト急成長の要因として、人々がこぞって録画したＴＶ番組をアップしたことが、しばしば挙げられます。長い番組もいくつかに分けて投稿すればよいし、海外のファンが自分で字幕を付けて放送直後の日本のアニメ番組などを公開する例も増えました。

ＴＶ番組はたいてい著作物ですから、これは現行法でいえば当然、複製権や公衆送信権の侵害です。インターネット上のサイトなので、どこの国の法律で考えるかという「準拠法」の問題が出てはきますが、ほとんどの国の著作権法では侵害に違いない。そのため動画投稿サイトは、ＴＶ局をはじめ映像業界から強い非難を受けるかたちではじまりました。

「ノーティス・アンド・テイクダウン」というルール

代表格では、アメリカの巨大メディアグループ、バイアコム社は総額十億ドルの損害賠償訴訟を起こしました。誰に対して起こしたのか。ユーチューブ自体と親会社のグーグルに対してです。

そもそも侵害物をアップロードしているのは動画投稿サイトではなく、ユーザーです。しかし、ユーザーは匿名の場合も多いし、仮に名前がわかったところで責任追及は容易ではありません。そこで、ユーチューブ社のようなサービス運営者への追及を考えます。サーバーを管理しているのはサービス運営者ですから、公衆送信しているのは彼らであるともいえます。現に、サービス運営者は投稿を削除することもできます。

ここで、投稿サイトの運営者を含めて、広い意味のプロバイダーの責任について覚えておきたい言葉があります。それは「ノーティス・アンド・テイクダウン」です。

アメリカのＤＭＣＡ（ディジタル千年紀《ミレニアム》著作権法）という、かなり大仰《おおぎよう》な名前の法律で採用された概念です。たとえばネットの掲示板を例に挙げましょう。掲示板に名誉毀損・中傷にあたるような書き込みがされたとします。書き込みをしたのはユーザーですが、同時にその情報を世間に送信しつづけているのは掲示板の運営者でもあります。著作権侵害の画像が投稿された場合も同じです。

とはいえ、プロバイダーが彼らの把握していなかった書き込みについて突然、著作権侵害で損害賠償請求を受けるとすると、ビジネスが萎縮《いしゆく》します。そこで、「侵害です」という通知を受け取ってから、一定の手順によって情報を削除すれば、プロバイダーは著作権侵害の責任を負わなくてよいというルール――これが「ノーティス・アンド・テイクダウン」です。いわば、プロバイダーのビジネスを認めつつも、情報を削除すべき場合を定めた法律ともいえるでしょう。

日本でもTV局を中心に、かなり積極的に、この「ノーティス・アンド・テイクダウン」による削除要請をユーチューブにおこないました。同社は、基本的には速やかに削除を実行するようです。

多くの動画投稿サイトは建前としては、著作権者の許可がない作品のアップは認めていません。ユーチューブの利用規約にも、「著作権やプライバシーを侵害する投稿をおこなわない」旨のルールが明記されています。とはいえ、これは信じられないという権利者も多く、むしろ、「著作権侵害を前提にしたビジネスモデルではないか」「TV番組がアップされないように、もっと強固な事前の防止措置をとるべきではないのか」とも指摘されました。

もしも、最初から著作権侵害の投稿を期待しそれに依存するビジネスであったなら、「ノーティス・アンド・テイクダウン」による免責はおそらく働きません。そんな事情もあって、バイアコム訴訟につながったのでしょう。

ビジネスモデルによる対応の差

ところが、動画投稿サイトについては、問題視・削除要請だけではなく、積極的にプロモーションに活用しようという動きも現れました。理由はいうまでもなく、全世界からアクセスが多く宣伝効果が高いことで、国際的なレコード・メジャーが所属アーティストのプロモーションビデオ（ＰＶ）を流すなど、多くの団体がユーチューブ内に専用チャンネルを立ち上げました。

また、ＪＡＳＲＡＣ（日本音楽著作権協会）など音楽の著作権管理団体（→78頁）のなかには、動画投稿サイトと包括契約を結んで、アップ映像に含まれる音楽について一定の範囲で利用許可を与える例も広がっています。

このような「削除要請」と「提携の動き」という対応の差はどこからきたのか。ＴＶ関係者はみんな視野と心が狭くて、ネットユーザーのように大らかな心をもっていないからか。

おそらくそうではなく、鍵《かぎ》は流される映像の種類とそれぞれのビジネス構造にあります。

特に民放の場合、収入の大部分は番組放送による広告収入です。彼らはCMの放送時間あたりで計算される広告収入を得て、社員の人件費や、映像プロダクションや出演者への支払というかたちで再分配をします。そしてこの収入をほぼ唯一の原資に、また次の創作をおこなう。これが民放TV局の伝統的なビジネスモデルです。

別のいい方をすれば、視聴者はTV局から番組の提供を受ける代わりに、CMを見るという対価を払っているともいえます。日本民間放送連盟の放送基準によれば、TVの全放送時間に対して一八%までのCMが含まれるそうですから、民放を毎日三時間見る方がいるとすると、月間九十時間中の一八%以下として、おおむね「月に十数時間CMを見る」という対価を払っていることになります。

動画投稿サイトに番組がアップされる時、通常はCMは除かれます。いや、仮にCMも一緒にアップされて広告主が喜ぶとしても、その部分からはTV局の収入は増えない。他方、投稿サイトはサイト上に独自の広告を掲載しており、その広告収入は自社がとります。こんな風に、動画投稿サイトは、TV局のビジネスモデルを直接的に侵食しているように、つまり収入を奪っているようにも見えます。

他方、レコード会社がPVを流す場合、レコード会社はPVの露出が増えて得をするだけで、レコードを売るという彼らのビジネスモデルは侵食されません。宣伝が進むのだから、むしろ促進されています。

こうした「侵食か補完か」という状況は、ネット上の新ビジネスをめぐってしばしば見られ、ある権利者や産業がそのビジネスといち早く提携する一方で、他の権利者や産業が危機感をもつ理由のひとつとなります。

前述したとおり、著作権の大きな機能は、創作者やそれを支える人々の収入確保にあります。そうである以上、ジャンルごとのビジネスモデル、どんなしくみで関係者が生計をたてているかは、無視できません。問題となっている作品の利用方法は創作者のビジネスを侵食するのか、補完するのか。このことは考えてみる価値があります。

さらにいえば、そこで侵食されているビジネスモデルは、まずまず合理的で公正なしくみなのか。それとも、不合理で淘汰《とうた》されて当然のビジネスなのか。後者ならば、著作権を楯《たて》にそんな不合理なしくみを延命させていいのか、新たなビジネスモデルに道を譲るべきではないか、という意見もあるでしょう。

本書執筆中、放送・出版など大半の既存メディアは、ネットに大きく顧客を奪われる状況がつづいています。既存メディア側には、ネット上の多くのビジネスは創作の成果に「ただのり」（フリーライド）するばかりで、創作の苦心と労力を負担していないという不満も強いようです。ネットビジネスは創作者側の正当なビジネスを補完し、コストを適正に負担しているか。既存ビジネスとの共存の鍵は、その辺りにもあるかもしれません。

正規配信ビジネスと「権利処理」の壁

ネット配信について話すうえで、まずはいわゆる海賊版サイトに触れ、次いで動画投稿サイトのようなある種のグレー領域を紹介しました。実際、ネット上の作品流通を増やしてきたのは、歴史的に正規ルートとはいいかねるようなチャンネルが中心だったことは事実です。これに対して「正規配信」といわれる、権利者から許可をとって作品を流すビジネスはどうかというと、やや後手にまわりました。

なかではネット配信が比較的早く普及したジャンルは、音楽です。最初の原動力はおそらく「着メロ」「着うた」で、その次は携帯プレーヤー「ｉＰｏｄ」と連動したアップル社の配信サイト「ｉＴｕｎｅｓ」(iTunes Music Store) でしょう。二〇〇五年に上陸して以来、日本の音楽配信市場は一段と活性化したといわれます。

他方で映像配信は全般に出遅れました。二〇〇八年末にはＮＨＫの番組を配信する「ＮＨＫオンデマンド」がはじまるなど、前向きな動きが広がっていますが、出遅れたことは否めません。日本に比べて、アメリカや韓国ではＴＶ番組のネット配信はより早く普及したといわれています。その理由はなんでしょうか。

いくつか考えられますが、映像配信が遅れた理由のひとつとして間違いなく存在するのは、著作権などの権利処理のハードルが高いことです。たとえば、ＴＶ局が制作したドラマを例にとって、これをネット配信しようとすると、誰の許可が必要かを考えてみましょう。こうした権利処理の考え方は、大枠はいつでも同じです。

①まず、利用したい作品にどんな著作物が含まれているかを考えます。局制作のＴＶドラマの場合、まずドラマという映像そのもの——これは著作権法では「映画の著作物」です。それから、放送台本や、「原作もの」であれば原作となる小説や漫画。音

著作物の例

①小説・脚本・講演など
②音楽（作詞・作曲・編曲）
③舞踊・無言劇
④美術
⑤建築
⑥図形
⑦映画（映像作品）
⑧写真
⑨コンピュータ・プログラム

楽。少なくとも、これだけの著作物は含まれています。著作物が含まれるから、著作権の問題になるのです（図表・著作物の例）。

②次に、予定している利用行為は著作権の及ぶ利用（↓43頁）かどうかを検討します。今回はネット配信ですが、著作権には公衆送信権が含まれますから、著作権の及ぶ利用です。よって、権利者の許可がないとネット配信はできません。

③つづいて、誰がその著作物について権利をもっているかを考えます。今回の場合には、制作した局や放送作家などの著作権者が著作権を保有しています。

考える順番は②①③でも①③②でもよいのですが、およそこうした要素を検討します。

TVドラマの場合は、以上に加えて、別表（58頁）のような「著作隣接権」という権利が関係します。

たとえば、出演した俳優たち。この俳優や演奏家・ダンサーなどは「実演家」といって、著作権と同種であるが少し狭い権利をもちます。この実演家のもつ著作隣接権のなかにも、「送信可能化権」といって、ネット配信に対してノーという権利が含まれています。劇場用映画の場合には法の規定の例外にあたっていてこの隣接権は働かないのですが、局制作のドラマの場合には、実務上、隣接権が働く扱いを受けています。「権利が働く」とは、実演家（俳優）の許可がないとTVドラマをネット配信できないことを意味します。

つまり、この権利者一人ひとりの許可をとらないとTV番組のネット配信はできない。ひとりでも反対すると配信できません。許可をとる際にしばしば対価を支払いますから、ひとりでも条件面で折り合えなければ配信は無理です。誰かひとり連絡がとれないとか、事務所がネット配信に消極的だとか、事情があれば配信できないのです。

さらに、原作が古い作品の場合、もう著作者の方は亡くなっていて相続人がたくさんいらっしゃるケースもあるでしょう。「保護期間延長問題」の項で触れますが、この場合著作権は共有なので、やはりその一人ひとりの許可が必要です。

著作権ではないが、著作物と似た「情報」に認められる著作隣接権など

1　実演家の権利

●演奏家・俳優・ダンサーなどの「実演」に対して

①録音・録画権（増製権を含む）
②放送・有線放送・送信可能化権
③譲渡権・貸与権　④私的録音録画の補償金請求権　など

※別途、実演家人格権（氏名表示権・同一性保持権）もある

2　レコード製作者の権利（狭義の原盤権）

●レコード原盤に対して

①複製権　②送信可能化権
③譲渡権・貸与権　④私的録音録画の補償金請求権　など

3　放送事業者・有線放送事業者の権利

●放送などされた音・影像に対して

①複製権　②（再）放送・（再）有線放送・伝達権
③送信可能化権

以上が、いわゆる「権利処理の壁」というものです。音楽著作権のように、一定金額を支払えばほぼ自動的に許可が得られる世界に慣れた業界人のなかには、権利処理とはつまりお金を払うことだと感じている方もいるように見えますが、それはある意味で例外的な話です。むしろ大多数のジャンルでは、許可をもらうことと、決まった対価を支払うことは別の問題だし、前者のほうが後者よりもずっと大変なケースも少なくないので

す。

きちんと進めるならば、この許可について契約書を交わします。海外の権利者との交渉などは、ここからがまさにいばらの道です。しばしば、専門用語の埋まった外国語の契約書との格闘がはじまるからです。

権利バイアウトが一般的なアメリカ型モデル

ではアメリカなどはどうか。法律的にも日本とは少し異なりますが、ここでもビジネスモデルの違いが最大の鍵です。

ハリウッドやTVネットワークの典型的な契約では、先に挙げたような関係者から、最初に権利を買い取ってしまいます。これには「職務著作」といわれるかたちも含まれるのですが、便宜上ここでは「バイアウト」(買い取り)と呼びます。

権利は一社に集約されているから、会社の一存でその後のどんな利用(二次利用)でもできます。メジャーがネット配信にはうまみがあると判断すれば、基本的には即座に開始できます。

日本は、まさにこの逆です。容易に想像できることですが、つい最近までそもそも契約書は交わさないケースも多かったのです。脚本家や作詞・作曲家からの著作権譲渡などはいっそう稀《まれ》です。ジャンルによってはありますが、ＴＶドラマや映画についてはあまり例がありません。著作権譲渡どころか、二次利用について明確に取り決めることも少なかったのです。

最初の契約で何も決めていないため、基本的には先ほど説明したような法律のルールどおりになって、二次利用には権利者全員の許可が必要です。作品の多面展開（マルチユース）をするには、もともと向かないビジネスモデルではありました。

こう書くとアメリカ型が望ましいように聞こえるかもしれませんが、実際にはこれは善し悪しです。第一に、アメリカ型のバイアウトは事前にすべてを取り決めるため、契約が複雑化して交渉に手間取ります。第二に、権利全部をもらおうというのだから、いきおい最初に支払う金額は高くなります。契約相手からすればもうこの先は発言権はない。「では、先にいくらもらえますか」という話になりがちです。バイアウトは初期コストが増えやすいのです。

ハリウッドでは映画の製作費は高騰をつづけ、平均五十億円以上にも達します。こうした高額化は、当初の権利処理のコストが高いことも原因のひとつです。たとえば、総製作費二億ドルの『スパイダーマン2』（二〇〇四年）の場合、出版社のマーベル社が得た原作使用料だけで二〇〇〇万ドル（当時のレートで十七億円以上）だったといわれます。すべての権利を一社にまとめようとするから、最初に用意しなくてはならない製作資金も高額化する。巨額な製作費を回収するためには万人受けする作品が求められ、いきおい、似たテイストの大作映画が多くなります。

日本では、冒険的な作品、多様なテイストの中規模予算の映画はまだまだ多く作られています。ひとつには、原作者やスタッフに対して権利のバイアウトにこだわらないことで、初期の支払を安く抑えているという背景もありそうです（加えて、日本の場合、今のところ権利を共有することへの抵抗感がないため、「製作委員会」という映画の共同製作が隆盛して、一社あたりの負担を抑え込めている事情もあります。→100頁）。

その影響で、映像の二次利用は多かれ少なかれ関係者の協議ベースで進められています。これは、「初期コストを抑えて、とにかくプロジェクトを実現しよう。作品を生み出してみよう」という点では長所もあるモデルです。

ビジネスモデルの選択と、過去の映像資産の活用

もっとも、これだけ映像の二次利用が拡大すると、さすがに二次利用のたびに権利処理を繰り返すのはマイナス面が多過ぎます。ですから、ある程度の契約書は必要でしょう。アメリカ型バイアウトを一方の極において、昔の日本型をもう一方の極におくと、その間にはさまざまなパターンがあり得ます。

日本の映像・放送産業が、これからどういうビジネスモデルを選んでいくのかという、選択の問題でしょう。

とはいえ、ここまでは将来の話であって、過去に作られたTV番組や映画については、契約書などなかったり、二次利用のことをあまり取り決めていないケースが圧倒的に多いのは事実です。こうした膨大な映像資産をどう活用していくかは、社会全体の大きなテーマでしょう。第五章で触れる「アーカイブ化」全般にあてはまる問題です。

特にネットではさまざまな作品を大量に流通させようというプロジェクトも多いため、

権利者ひとりずつについて権利処理するほどの取引コストは、かけられないケースが少なくありません。権利処理や交渉に疲れ果てると、「法律を変えよう」という議論が起こります。「著作権リフォーム」などと呼ばれる、著作権のしくみを変えて作品をネット流通させやすくしようという論議も盛んですが、この点は第六章でご紹介します。

拡大する私的複製

これまではいわば情報を流通させる側に立って、ネット流通と著作権の問題を考えてきました。今度は受け手の問題です。私的な複製、コピーをめぐる問題を考えてみましょう。

ご存じのとおり、著作権のなかには複製権がありますから、著作権者に無断で音楽、映画、漫画などを複製することは、原則として禁じられています。もっとも、この原則は厳格に貫くとかなり不便な結果を招きます。たとえば、皆さんは不在時に放送されるTV番組を録画しておいて、帰宅後に見ることがありますね。なぜできるのでしょうか。TV番組はたいてい著作物だし、録画は複製の一種ですから、無断では録画できないはずです。

しかし、いちいちTV局に連絡して録画の許可をとるのは非現実的です。「今晩のドラマを録画していいですか」「放送作家と出演者に相談しますから、二、三日お待ちください」——間に合いません。番組を録画して見るくらいのことでそこまでしていたら、社会的にコストがかさんで無駄が多い。また、それでTV局の利益が特別守られた気もしない。

そのため、著作権法には「私的使用のための複製」という例外規定があります。これは、私的な目的で使うために本人がコピーすることは自由である、というものです。著作権法にはこういう例外はたくさんあって、「制限規定」というのですが、なかでも私的複製は、おそらく利用頻度が非常に高いでしょう。

現在の著作権法が制定された一九七〇年頃、私的な複製ではたいしたことはできませんでした。しかし、その後、ビデオカセットやコピー機の普及、ディジタル録音・録画機器の登場、ネットワーク化と、私的複製の範囲が拡大をつづけてきたことは、前著でもご紹介しました。

「私的録音・録画補償金」とは何か

こうした私的複製の拡大と並行して話題を集めたのは、前述のウィニーなどの「ファイル交換ソフト」と、これからご紹介する「私的補償金」です。

申し上げたとおり、ディジタル複製は高画質・高音質で大量にコピーできるのが特徴なので、MD（ミニディスク）のようなディジタルメディアと機器が登場したときに、創作者側・権利者側には相当な危機感がありました。つまり、「レンタルCDや放送番組をたやすくコピーできるなら、正規品が売れなくなるのではないか」という心配です。そのため、こうしたディジタル機器は私的複製の対象から除こうという意見もありましたが、議論の末、私的複製は認めるけれどユーザーには一定の補償金を支払ってもらう、という制度が一九九二年に導入されました。これが、しばしば論争の的になる「私的録音・録画補償金制度」です。

この補償金を、皆さんも払っているのです。

CD‐RやDVD‐Rのような私的な録音・録画メディアと、その機器の価格には一～三％程度の料金が乗っています。つまり、最初から料金が上乗せされていて、メーカーが代行徴収しているのです。それがJASRACのような権利者の団体に分配され、また一部は出版などの著作権の普及事業に使われるというしくみです。

補償金「拡大」問題

補償金の対象機器・メディアには、MD、CD－R、CD－RW、DVD－R、DVD－RW、DVD－RAMなどが含まれます。この補償金の対象範囲や制度自体の存続、さらには私的複製を技術的に制限することの評価をめぐって、二〇〇五年頃から権利者側とメーカー・ユーザー側との意見が激しく対立しました。

権利者側は、補償金の対象を今より拡大して、iPodのような携帯音楽プレーヤーやHDDレコーダー、さらにはHDD付のパソコンのような汎用《はんよう》機器を加えるよう求めました。その理由はストレートで、①ユーザーの録音・録画の主役がこうした新しいメディアに移ってきたからです。そのため、MDなどの売上は落ち、私的補償金の徴収額も減少傾向がつづいていました（図版・補償金の徴収額の推移）。

また、②こうした私的複製が拡大するにつれて、正規版のCDやDVDの売上が落ちている、という認識もあります。確かに、CDなど音楽ソフトの市場規模は縮小がつづいていて、一九九八年には年間六千億円程度だったものが、十年で約半額まで急減しました。

補償金の徴収額の推移

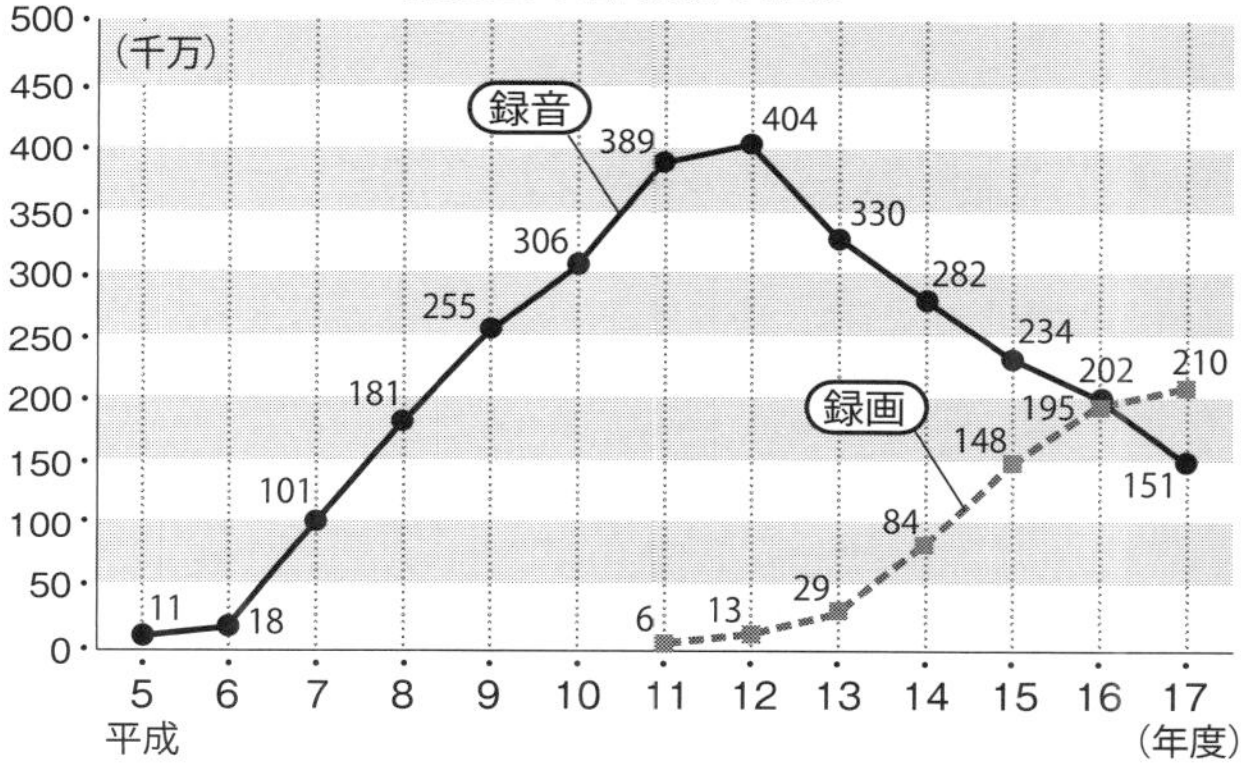

文化審議会著作権分科会私的録音録画小委員会中間整理（平成19年10月） http://www.bunka.go.jp/chosakuken/singikai/pdf/rokuon_chuukan_1910.pdf より

つまり、「私的複製がどんどん便利になって拡大するにつれて正規市場が侵食されているのだから、音楽や映画を享受したユーザーが数パーセントの補償金を負担してもいいではないか」という要望です。

他方、多くのメーカーやユーザー団体は対象の拡大には反対で、むしろ補償金は廃止に向かうべきだという意見です。メーカー側にとっては、補償金分として商品価格を数パーセント上積みすれば、商品の売上数を直撃します。そのため実質的にはメーカーの利益分から負担している感があるのでしょう。

反対の理由としては、まず、①「二重払いである」と主張されました。たとえば、iT

unesなどの音楽配信サイトから音楽をダウンロードするケースを考えると、すでにダウンロードの時点で対価を支払っていますね。ところが、配信サイトで音楽を買えば携帯プレーヤーなどで聞くのは当然であって、「そこでまた補償金を払うなら二重払いではないか」というわけです。この関連で、CD不況といっても売上の一部が音楽配信に流れているだけで、音楽産業全体の売上は言われるほど減っていない、という指摘もありました。また、②HDDのような汎用機器に特にいえることですが、私的録音や録画には使っていない方も多い。筆者も、事務所のPCは録音・録画にはほとんど使いません。

③DRMの普及で私的複製の余地が減少している、という意見もあります。DRMとは、「Digital Rights Management」（ディジタル著作権管理）のことです。ディジタル技術で著作権を管理する手段はすべてこれに入りますが、身近なものではディジタル放送などに組み込まれたコピー制限があります。

もっとも、現実問題として、DRMの普及にともなって社会における音楽や映像の私的録音・録画が減っているかどうかは、検証の余地もありそうです。

この関連で、④そもそもDRMのおかげで補償金は役割を終えた、とも主張されました。

というのも補償金は分配が大変なのです。誰の作品がどこでどれだけ私的複製されたかわからないから、どういう基準で補償金を権利者の間で分配するか悩むことになります。

ＤＲＭが発達すると、どこかで誰かが複製や視聴をしたことをネットなどを介して把握して、個別に一回ごとにユーザーに課金することも可能になる。「だから補償金などはやめて、ＤＲＭ課金に移行すべきだ。そのほうが使った人が使った分だけ課金されるから公平だ」という議論です。

ネット流通と私的複製を考える三つの視点

このように意見が対立する補償金問題と並んで、私的複製については、二〇〇七年から二〇〇九年にかけていくつかの法改正がされました。たとえば、不正利用の温床になるという理由で、映画館での映画の録画は私的複製から除外しようという「映画盗撮防止法」が議員立法で成立しました（「ノー・モア映画泥棒」という映画館でのＣＭでおなじみです）。

また、それまでは仮に元が海賊版でもネットの違法サイトでも、個人使用の目的ならそこからコピーやダウンロードすることは許されたのですが、二〇一〇年から、元が海賊版だということを知って映像や音楽をダウンロードした場合には著作権侵害とみなされるようになりました。いわゆる「ダウンロード違法化」です。

以上のような、ネットでの作品の私的な流通や私的複製の問題を考えるうえでは、次の視点がかかわってきます。

第一に、「その利用は市場を侵食するのか？　補完するのか？」ということです。「動画投稿サイト」で触れた、ビジネスモデルの問題です。

通常は、私的な流通や複製が増えればその分正規版の売上は落ちる、あるいは少なくとも逸失利益が生まれるような気がします。もっとも、この点には異論もあります。「動画投稿サイトには番組のプロモーション効果があり、TV局のビジネスを補完している」「ネット上の無断複製が増えたからといって、必ずしもCDの売上は落ちない」といった意見です。

確かに、TV番組をユーチューブで視聴したり、レンタルCDからコピーする人のなかには、手軽だったり無料だからそうする人もいるはずです。ネット視聴やCDコピーができなくなっても、その人々がすべてTV放送を見たり正規版を買うとは限らないでしょう。

むしろなかには、私的コピーで何度か視聴するうちに、本当にそのアーティストや作品のファンになった人が正規版を買うようになるケースも、あるかもしれません。

とはいえ、おそらくこれは程度問題でしょう。たとえば、今よりも高画質な映像を無制限に見られる投稿サイトが普及すれば、さすがにTV局の番組再放送を見たり、正規版のDVDを買う人は減りそうです。では、どこまでの私的な流通や複製ならば正規ビジネスを補完するのか、が問われます。

第二の視点は、DRMが拡大することの功罪です。

たとえば、DRMで作品の視聴ごとに課金するようになれば、確実で公平ではあるでしょう。ただ、それは言ってみればどこで誰が視聴したか完全に把握されるということで、ちょっと心配に思う方もいるかもしれません。

加えて、私的補償金制度のような法制度と、DRMとの違いはなんでしょうか。法制度は、まがりなりにも国会で民主的コントロールの下に決まります（私的補償金は政令委任されています）。これに対して、DRMのようなテクノロジーは、権利者やメーカー側の判断で設定できます。ですから、DVDのように、完全コピーガード（正確にはコピーはできるが視聴不可）がついて、私的複製は事実上できない状態も生まれます。お金を支払って毎回認証を受けないと、見ることもできないという状態も可能です。

第三に、この関連で、私的複製は果たしてユーザーの権利なのか、という視点があります。二〇〇二年頃、違法配信を抑え込もうと、「コピーコントロールCD」（CCCD）というPCでコピーできない「CD」が登場した際にも、議論になりました。

私的複製がユーザーの権利だったら、それをDRMで一方的に奪うことはおかしい、という話になりそうです。しかし、今の著作権法の規定ぶりを見ると、私的複製は権利のようには読めません。権利があるのは著作権者のほうであり、私的複製はあくまでも著作権者のもつ複製権の例外です。つまり、「私的複製をしても著作権侵害ではない」という消極的な書き方です。ユーザー側に「私に私的複製させなさい」という権利があるようには読めない。（→184頁）

これらの問題の背後に横たわっているのは、作品の私的な流通や複製を私たちの文化や社会の中でどう位置づけるか、ということです。それは果たして、またどのレベルまでなら、創作者側のビジネスと支えあって共存できるのか。

補償金やＤＲＭの問題は、こうした大きな議論の中で位置づけられるべきだろうと思います。

第三章　多次的創作の時代

――カヴァー、アレンジと二十世紀芸術

『おふくろさん』騒動

この章は、二〇〇七年の『おふくろさん』騒動の話からです。

『おふくろさん』、これは森進一さんの代表曲です。筆者が小さい頃、物真似といえば人気一、二を競ったのが森進一と田中角栄元首相の真似でした。筆者はどちらもできませんが、この曲を作詞したのは川内康範《こうはん》さん、作曲は猪俣公章《いのまたこうしょう》さんです。

歌詞の冒頭は「おふくろさんよ　おふくろさん　空を見上げりゃ空にある　雨の降る日は傘になり」という、有名なフレーズです。その前に、森さんがいつの頃からか、次のような台詞《せりふ》を付け加えるようになりました。

「いつも心配かけてばかり　いけない息子の僕でした　今ではできないことだけど　叱ってほしいよもう一度」

台詞、正確には「バース」といいますが、歌の前に導入として心境を吐露するのですね。

ところが、川内さんはお気に召さなかった。「これは俺の作った歌じゃない」と森さんには再三抗議し、遂に「もう『おふくろさん』は歌わせない」と申し渡します。作詞家が反対しているのに曲を歌えるのか。ワイドショーでまで議論されました。余談ですが、このとき文化人のコメンテーターが、「森さんは著作権意識が低い」と発言していたのが印象的でした。「著作権意識が高い」とはどういう状態をいうのか、筆者はいまだにわからないでいるからです。

紆余曲折《うよきょくせつ》を経て、森さんも謝罪するに至るわけですが、川内さんは許しませんでした。やむなく森さんは『おふくろさん』を封印する宣言をします。そうこうするうちに、なんと川内さんが亡くなってしまう。どうなるのかと思っていたら、二〇〇八年暮れも近づいて森さんは川内さんの遺族と和解。了承を得てめでたく『おふくろさん』オリジナル版が紅白歌合戦で復活という、これが世間をざわめかせた『おふくろさん』騒動の顚末《てんまつ》です。

「集中管理」により『おふくろさん』は歌える

実際、作詞した川内さんが反対しているときにバースを付けてもいいのか。また川内さんが反対すると曲は歌えないのか。

バースのないオリジナル版『おふくろさん』なら、実は歌えます。

既存の歌の歌詞やメロディ(楽曲)は、著作物です。よって、著作権者の許可なく、公に歌ったり(演奏)、放送したり(公衆送信)、CDにレコーディング(複製)はできないことになります(↓43頁)。権利者の許可が必要です。その権利者とは川内さんでしょうか。違います。日本や多くの国々では、プロフェッショナルの音楽は、ほとんど集中管理されているのです。

プロの作った歌詞・楽曲は、多くが「音楽出版社」という専門の会社に著作権譲渡されます。音楽出版社は単なる代理人ではなく、著作権がそもそもこの会社に譲渡されるのです。音楽出版社も、さらに大きな団体にこの著作権を譲渡します。いずれもなぜ譲渡するかというと、管理してもらうためですが、これを「信託譲渡」といいます。

この集中管理をおこなう団体を「著作権等管理事業者」といって、音楽の分野ではJASRACがガリバーです。本書執筆時点では、プロの歌詞・楽曲のうち九九%のシェアはJASRACが占めている、つまり著作権を保有しているといわれます。

音楽は色々なところで利用されますね。たとえば、TV・ラジオの放送局は何局もあります。そのどこでも、音楽が流れている可能性は常にあるわけで、とても全部把握できま

音楽著作権管理のしくみ

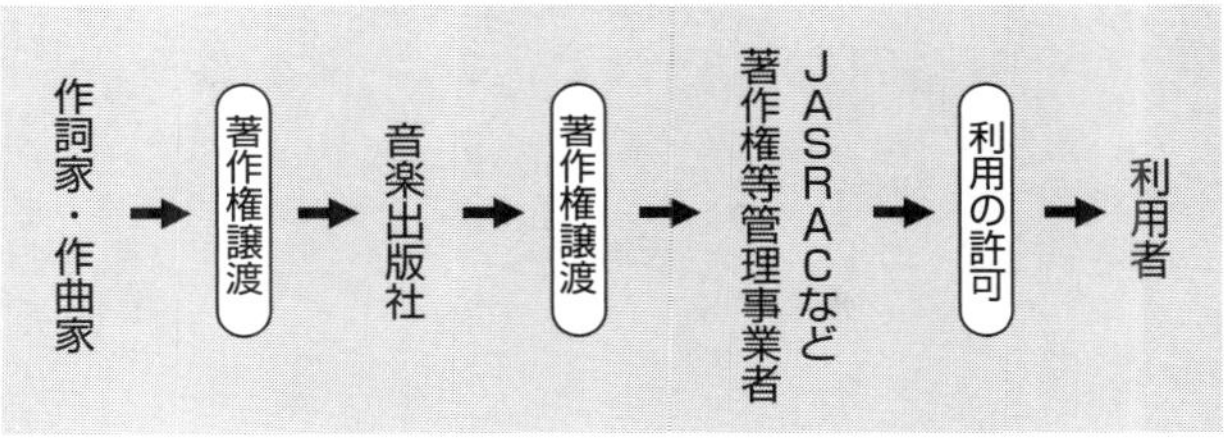

せん。さらに、どこのコンサート会場やライブハウスでいつ演奏されるか、CDを流すのも「演奏」のうちですから、どこの喫茶店でいつ、何回BGMとして流されるか、どこのカラオケでいつ歌われるか……個々の音楽出版社にはとても把握できません。

そこで、JASRACのような集中管理団体に音楽の著作権を集めるのです。一括して管理して、申請があれば利用許可を出し、利用料金も徴収してもらう。そして手数料を除いた残金を音楽出版社に配分してもらいます。この「許可・徴収・分配」などが集中管理団体の役割です。その代わり、何十万という曲について何十万というユーザーとの間で、いちいち許可を出すか出さないか、料金をどうするかなど交渉していられないので、基本的に、利用方法ごとに「画一料金」で、「非差別的」「非独占的」に利用の許可を出すのです。

百ページもの詳細な使用料規程がＪＡＳＲＡＣのホームページにはアップされています。料金交渉は、原則としてできません。「高い！」と感じることもあります。その代わり、決まった料金を支払いさえすれば誰でも利用することができる。これが集中管理の大きなメリットであり、限界でもあります。

『おふくろさん』に戻れば、そういうわけで曲の著作権はＪＡＳＲＡＣがもっており、管理しています。森さんでなくても、誰でもＪＡＳＲＡＣに利用申請すれば『おふくろさん』を利用できます。この点では川内さんの意思は基本的に関係ありません。

「編曲」について、ＪＡＳＲＡＣは許可をおろせない

では、バースを付加したバージョンはどうか。ここからが本章で一番ややこしい箇所です。

著作権に含まれるさまざまな権利のうちで、ここで問題になるのは「編曲権」です。編曲権とは、文字どおり音楽作品をアレンジする権利です。バースの付加が一般的なアレンジの範疇《はんちゅう》かどうかはちょっと迷いますが、一般論としては歌詞を変更するなら編曲権の

対象になります。つまり、著作権者の許可なく歌詞の変更はできない。これが原則です。

では、『おふくろさん』のバースは歌詞の変更なのか。今回のバースにはメロディがついていましたが、本体と同じ猪俣さんの作曲で、ほぼ切れめなく曲本体にそのままつながります。バースの内容も、本体と同じ一人称でおふくろさんに話しかける台詞であって、歌詞全体との一体性はかなり高いと感じました。普通に聞けば、作詞家がバースも作ったのだろうと感じる。歌詞を前に伸ばしたのと同じで、これなら歌詞の変更だろうというのが筆者の感想です。

すると編曲という扱いになりますが、この編曲の権利をＪＡＳＲＡＣはもっていないのです。

ＪＡＳＲＡＣの信託約款の解釈では、作詞家・作曲家や音楽出版社は、もっている著作権の全部をＪＡＳＲＡＣに譲渡するものの、翻訳や編曲関連の権利（著作権法二七条・二八条の権利）だけは渡さない。それはどこにあるかというと、音楽出版社が介在しているケースでは音楽出版社に残っています。

というわけで、音楽出版社が同意しないと編曲はできないため、バース版についてはＪ

ＡＳＲＡＣも利用許諾できないのです。

川内さんの「同一性保持権」

さらに、ＪＡＳＲＡＣに譲渡されたのは「著作権」だけですが、編曲は実はもうひとつの権利に絡みます。それは、著作者人格権の中の「同一性保持権」という権利です。「著作者人格権」とは著作者だけの人格的な権利で、誰にも譲渡できません。そして「同一性保持権」とは、「私に無断で、私の意に反して、作品を改変するな」と言える権利です。この意に反する改変というところがミソで、何が意に反するのか判断が難しいケースもありますが、作詞家が事前了承していなくてそんなに怒っているなら、おそらく意に反するのでしょう。というわけで、『おふくろさん』のバースには、同一性保持権の面でも問題がありそうです。

この権利は誰にも譲渡できませんから、川内さんだけにあります。つまり、その意味でも、ＪＡＳＲＡＣはバース版の利用許諾はできません。

『おふくろさん』騒動は、カヴァー曲全体に波及するか

さて、ここからより大きな問題に広がります。この『おふくろさん』騒動で問題になったことは、世の中のアレンジやカヴァー・レコーディング全般に、静かに、しかしひょっとすると大きな影響を与える可能性があります。なぜでしょうか。

日本のCD産業は長期不況にあえいでいますが、その中でも売上を支えているのがカヴァーブームです。息の長いブームで、人気のある曲・スタンダード曲は多くのアーティストがカヴァーします。

たとえばイルカの『なごり雪』（伊勢正三作詞・作曲）。JASRACのデータベースで明らかになっているカヴァー・アーティストの数だけで、福山雅治、夏川りみ、中森明菜から梅沢富美男、安田祥子《さちこ》・由紀さおり姉妹まで八十名もいました（二〇〇九年八月現在）。嘉門達夫の名前もあって、きっと替え歌ですね。徳永英明は、カヴァーブームの火付け役のひとつといえる『VOCALIST 2』で歌っています。

もっと多かったのが森山良子とBEGINの『涙《なだ》そうそう』で百一名、喜納昌吉《きなしょうきち》の『花―すべての人の心に花を』では、なんと百五十六名も挙がっていました。これらの名

曲が、いかに多くのアーティストとリスナーに愛されたかがわかります。

問題は、カヴァーというのは大抵アレンジを変えるのです。アレンジを変えるからこそ、カヴァーは魅力を増すともいえます。ではいったい、アレンジで音楽の何が変わるのでしょうか。

音楽の三大要素は「メロディ・リズム・ハーモニー」といわれますが、このうちメロディまで変えるのは狭い意味でのアレンジには入らないようです。世間で「アレンジ」というときには、たとえばテンポ、リズム、コード展開を変更すること、それから、高さを合わせるためにキーを変えることなどをいいます。

楽器編成を変えることもよくおこなわれます。オーケストラ曲化・合唱曲化。今挙げたような要素を色々組み合わせた、ジャズ風、ロック風、ラップ風、レゲエ風のアレンジもあります。ヨーロピアン・ジャズ・トリオなどは、クラシック曲のジャズ化で人気を集める一方、先に挙げた『涙そうそう』や『花』もカヴァーしています。

こうしたカヴァーは、アレンジを変える以上、理論的には『おふくろさん』騒動と同じ編曲権と同一性保持権の問題をはらんでいます。それが表面化したのが、『大地《だいち》讃頌《さんしょう》』事件でした。「母なる大地のふところに」という歌いだしの、合唱曲としては代表的な名曲で、中学高校時代に歌った記憶のある方も多いのではないでしょうか。この曲を、PE'Zというう人気ジャズバンドが、ジャズアレンジでカヴァーしてシングルとアルバムに収録したのです。

これに怒ったのが作曲者の佐藤眞さんで、編曲権・同一性保持権を侵害しているとして、二〇〇四年、東京地裁に販売差止の仮処分を申請しました。無論、PE'Z側は楽曲のCDへの録音について、JASRACの許可をとって利用料も支払おうとしたようです。しかし、ご説明したとおり、編曲権と同一性保持権はJASRACで正面きっては権利処理できません。

報道によれば、CD発売元の東芝EMIは法的に問題ないと主張したものの、当のPE'Zは「片思いでした」と表明して、CDを出荷停止して和解したようです。

さて、『大地讃頌』の場合には編曲権と同一性保持権の権利処理がなかったことが問題になりましたが、ではほかのカヴァー、アレンジはどうなのでしょうか。

レコード業界の方に話を伺うと、JASRACなどの処理だけでカヴァーCDを出して、編曲権などを特に意識した処理はしていないケースも多いようです。ただ、曲の管理が厳格だとされている作詞・作曲家のところには挨拶《あいさつ》を入れたり、（音楽の著作権とはあまり関係ないのですが）オリジナルを歌ったアーティストが大物の場合、その事務所に「仁義」を切ったり、それ以前に断念すると聞きます。

しかし、そういう個別の配慮はあっても、編曲権と同一性保持権の別途処理が確立されているかというと、どうもそうではないようです。

なぜ、これまでカヴァーは問題になりにくかったのか

しかし、これまで、カヴァーCDが大きな問題になることはあまりありませんでした。

ひとつには、「ポップス系では、作曲家はそもそもメロディを作るだけで編曲は別な方がすることも多いので、アレンジが変わることへの抵抗は少ないからだ」とも言われます。

『大地讃頌』の場合、元が合唱曲で、いわゆる「純音楽」系だったわけですが、こうした

純音楽系は、オーケストラ編成まで作曲家が細かく決めるわけですから、変えられることに抵抗感が強いのではないか、と言われます。

また、『大地讃頌』では音楽出版社が関与していなかったことを、トラブルの間接的な原因に挙げる方もいました。「一般に、曲を管理する音楽出版社は、アレンジを変えるのはお互い様だし、カヴァーしてもらったほうがＪＡＳＲＡＣ経由の著作権収入も増えるから、カヴァーには寛大だ」という説明です。確かに、そうした要素はあるのでしょう。

カヴァーは、いわば著作権の「グレー領域」です。法律的には別途の権利処理が必要な場合もあり、「ＪＡＳＲＡＣの手続きだけで十分だ！」と正面きって断言はしづらいけれど、現場ではあまり厳格にせずスムーズに回っている。しかしグレー領域には違いないから、事前に挨拶を入れるような適度な潤滑油が求められる――そんなメカニズムが働いているようにも思えます。

そして、そのメカニズムが『おふくろさん』騒動や最近の「知財（知的財産）意識」の高まりで、少し揺らいでしまっているのかもしれません。

著作権が注目される環境はどう整えられたか

カヴァーが直面するこれらの問題は、現代の芸術表現やメディアと著作権のかかわり全般にあてはまります。

本書の冒頭で「著作権が注目される環境は百年かけて整備された」と書きましたが、これを社会の変化という点でいえば、二十世紀は①複製技術が非常に発達した百年ですね。グーテンベルクの活版印刷術、あるいは写真の発明はそれ以前からでしたが、二十世紀の間に格段の進歩を遂げました。そして決定的なのが、蓄音器と映画の発明で、これがほぼ二十世紀の夜明けと重なります。さらにはコンピュータや各種のディジタルの複製技術が最後に登場しました。こうした複製技術が発達した結果として、情報の大量処理が可能になりました。

もうひとつ忘れていけないのが、②情報の大量流通も可能になったことです。この点では交通手段の発達が大きいでしょう。印刷物などが遠隔地まで短期間で運べるようになり、さらに、電話、放送、そしてネットワークと、情報通信手段も発達しました。

大量複製・大量流通と軌を一にして、③メディアの発達・多様化が進みました。

そして、以上と並行して、④いわゆる大衆消費社会が世界に広がるのです。我流の解釈でいえば、「余暇と可処分所得と一定の教養（？）をもった読者・観客層が出現して、それまで一部の教養人のものであった文化や知識が大量に消費されていく時代」です。

文化の面での五つの変化

こうした技術や社会面での変革は、文化の面ではどういう変化をもたらしたのでしょうか。

第一に挙げられるのは、「文化産業の巨大化」です。二十世紀の初頭に文化産業が世界でどれだけの市場規模をもっていたかといえば、想像ですが、かなり小さかったはずです。金銭によって文化的所産が流通する度合そのものがまだ小さかったから。約百年後の現在、データにもよりますが、日本だけでコンテンツ産業の市場規模は十四兆円ともいわれています。

日本は国別で見れば世界第二位の文化・メディア市場ですから決して馬鹿にしたもので

はないのですが、第一位の米国はこの四倍以上とも言われますし、またＥＵもあわせてひとつの市場と見れば米国に迫る規模があります。世界全体では百兆円を優に超える市場です。こうした文化産業の巨大化が、まず挙げられます。

第二に、産業として金銭評価はしづらいのでよく軽視されますが、同じくらい重要な変化が「市民文化活動の拡大」です。コーラスやオーケストラ、劇団、ダンスサークル、ピアノ教室、絵画グループから俳句・落語の会に至るまで、草の根の市民文化活動が私たちの生活の豊かさに果たす役割は絶大です。身近な文化活動は、まさに一国の文化のバックボーンです。

第三に、作品の内容面での変化として、「複合的、産業的、多次的作品の増加」が挙げられますが、これは次項で詳しく説明します。

第四に、二十世紀の最後にかけて強まった傾向が、「作品のマルチユース」です。ここでは、作られた作品がさまざまな流通チャンネルで何度も利用されることを指します。

映画を例にとれば、はじめの頃は作品を映画館で見せて終わりでした。それがＴＶで放映されるようになり、また、ＴＶも地上波だけではなく、衛星放送、ＣＡＴＶ、有料のプレミアムチャンネルと、さまざまなレベルで流されるようになりました。またビデオカセットが生まれてお茶の間に届き、それがDVD化され、さらにブルーレイで再発される。また同じDVDでも、廉価版で出し直されたり、コレクター用の豪華版と、これまた何度も発売されます。さらにはネット配信、ケータイ配信と、実に多彩に利用されます。こうしたマルチユースも当たり前になりました。

第五に、最後の傾向として、「ユーザー／メディア／クリエイターが融合しつつある」といわれます。融合しつつあるとはいっても、職業的なクリエイターは厳然として存在し、それが狭き門であることは変わらないでしょう。ただ、同時にブログやツィッターに代表されるように、情報の受け手が同時に送り手であり、送り手がまた受け手でもある傾向が強まってきました。これを「一億総クリエイター」とか「クリエーザ」と表現する論者もいます。

「複合的、産業的、多次的作品」の増大

先に文化面での変化として第三に挙げた、「複合的作品」とは何でしょう。十九世紀芸

術の典型といえる絵画や文学は、いわば単独の創作者によって作られた単一の作品が中心でした。ところが、二十世紀芸術の代表ともいえる映画は、映像を作り出すのに監督、カメラマン、美術監督など多くのクリエイターが共同作業をおこないます。同時に、映像そのものの他にも、さまざまな作品をその中に含んでいます。

まずはシナリオ。著作権的にいえば映画はシナリオの二次的著作物で、シナリオの内容をその中に含んでいます。さらには音楽や振付。一般に、監督やカメラマンのような映像そのもののクリエイターを「モダン・オーサー」といい、シナリオや映画音楽のように映像に取り込まれる作品のクリエイターを「クラシカル・オーサー」といいますが、映画はこうした多くのクリエイター、多くのクリエイティブな要素が複合した芸術です。

また、二十世紀になって、自動車や量産家具のデザインのような「産業的作品」も増大したことは説明不要でしょう。

そして、何よりも「多次的作品」が増大したのです。「多次的作品」というのは筆者が勝手に名づけました。原作をもとに漫画化した作品などを「二次的著作物」といいますが、そこからさらにアニメ化したり、そのアニメをＴＶゲームにした場合、いわば三次的著作物、四次的著作物が生まれます。このような多次的な作品が現代では非常に多いですね。いわゆる「原作もの」で、これまで挙がった映画や漫画にも多いし、ＴＶドラマや演劇でも「原作もの」は無数にあります。

こうした狭い意味での「原作もの」だけではありません。二十世紀芸術には色々なかたちでの多次的作品があります。

さまざまな多次的作品

たとえば、現代アートの分野における、コラージュやモンタージュ。図（次頁）は、リチャード・ハミルトンの『一体、何が今日の家庭をこれほど変え、これほど魅力的にしているのか？』という、フォトモンタージュとしては著名な作品です。前述の大衆消費社会を批評的に見つめた作品ですね。使われているのは、おそらく既存の雑誌や広告から切り取った写真や図版ばかりです。それで、全然違う意味合いの作品を生み出している。いわゆる「原作もの」とは違いますが、まさに多次的作品です。

同じように、今世紀初頭に生まれたといえば、前著でも紹介した「レディ・メイド」シ

左：リチャード・ハミルトン『一体、何が今日の家庭をこれほど変え、これほど魅力的にしているのか？』（1956年）
右：マルセル・デュシャン『L.H.O.O.Q』（1919年）

リーズやアプロプリエーション。たとえばマルセル・デュシャンの『L．H．O．O．Q』という作品です。ご覧のとおり、レオナルド・ダ・ヴィンチの『モナリザ』の絵葉書に髭《ひげ》を描いただけです。モナリザに髭を描くだけで作品と主張する。そうすることで、いわゆるオリジナリティや作家の優位性に痛烈な批評を投げつけたデュシャンの代表作です。デュシャンはこのあと、普通のモナリザの絵を使って、『髭をそったL．H．O．O．Q』と題した作品もつくります。もう、やりたい放題です。

厳密な現代アートの定義からははずれるでしょうが、筆者は著作権の話をするときには、こういう既存の作品をまったく別な視点で取り込むような手法を総称して「アプロプリエーション」（取り込み・流用）と呼びます。

その意味では、アンディ・ウォーホールやロイ・リキテンシュタインなどのポップアートもアプロプリエーションですね（次頁上段・ふたつの絶望）。

日本の現代アートの領域で、まさに『コピーライト』（著作権）というタイトルのアプロプリエーションの連作を発表したのが、福田美蘭《みらん》さんです。

次頁の左下は映画の一シーンに基づいた作品なのですが、何の映画かおわかりですか。ディズニーのアニメーション『ファンタジア』の中の「魔法使いの弟子」です。弟子であるミッキーが魔法の杖《つえ》をぐるっと回した場面。福田さんは、この作品で何を表現しようとしたのでしょうか。筆者は、「著作権のせいで顔が描けない」という、アイロニーと理解しました。もちろん、顔が見えなくても著作権上の問題は一緒なのですが、そういう強烈な皮肉に思えました。

隣の作品は、筆者がアニメ史上もっとも美しいシーンのひとつだと思う、『バンビ』の一場面からです。オリジナルの場面は、生まれたてのバンビが、色々なものの名前を学ぶ

左：ロイ・リキテンシュタイン『絶望して』(1963年)
右：その原型となった、Tony Abruzzo『Run For Love!』(*Secret Hearts,* no. 83, November 1962, D.C. Comics. より)

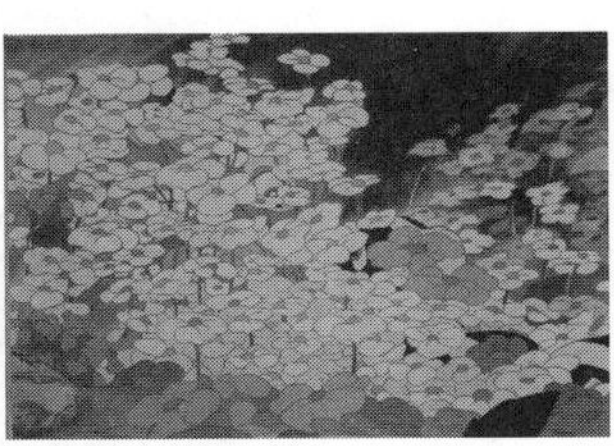

福田美蘭《Copyright》
5点組のうち2点 (1999年)

中で、「花（フラワー）」という言葉を覚える。バンビがよろこんで花畑に顔を埋めていると、ちょうどその中にいたスカンクの子供とはちあわせする。

バンビは間違って、そのスカンクのことを「フラワー」と呼びます。そばにいたウサギが大笑いして、「それはスカンクだ」と教えようとすると、スカンクが止めて、「僕はフラワーでいいよ」と、照れながらうれしげに言うのです。それで、スカンクのあだ名が「フラワー」になる。

この時期のアメリカの漫画映画《カートゥーン》では、スカンクが臭いというのは常套《じょうとう》的なギャグのはずです。つまり、スカンクは嫌われ、差別される存在なのですが、そのスカンクを無心なバンビは「花」と呼ぶ。そんな優しさに充ちた映画をディズニーは作っていたのです。

福田さんがこのシーンを選ばれた意図も、機会があれば伺ってみたいと思います。

現代アートに限らず、また二十世紀にも限りませんが、二十世紀になってからも隆盛を極めているのが、パロディです。『スター・ウォーズ』はパロディの人気ネタですが、なかでもひときわ異彩を放つのがスティーヴ・オーデカーク監督の映画『親指ウォーズ』。登場するのは、すべて人間の「親指」にカツラをのせ目と口の映像を合成したキャラクタ

左：スティーヴ・オーデカーク監督『親指ウォーズ』
右：筒井康隆原作の映画『日本以外全部沈没』ポスター

ーで、彼らを使って下品ネタ満載の『スターウォーズ』が展開されます。姉妹編として『親指タイタニック』に『親指ゴッドファーザー』も忘れがたい。

そして、わが日本がほこる筒井康隆の『日本以外全部沈没』。元ネタは小松左京のSF大作『日本沈没』。たったひと言の追加で表現された、身勝手な人間性の本質が魅力です。タイトルのインパクトでも世界有数のパロディではないでしょうか。

このほか、替え歌もパロディの一種といえるでしょうし、コミケ（コミックマーケット）などの同人誌にもパロディ的な作品は多い。パロディは、まさに時代を超えた人気ジャンルです。
以上のジャンルと重複するものもありますが、音楽や映像の分野での「リミックス」、既存の音源を別な曲のなかで利用する「サンプリング」、ふたつの音源をくっつけてまったく別な曲にしてしまう「マッシュアップ」なども、多次的創作の代表例でしょう。
筆者は音楽に限らず、既存の作品をふたつ以上つなげて新しい作品にする手法を広く「マッシュアップ」と呼んでいます。たとえば、『サザエさん』と『天才バカボン』をあわせた『サザエボン』もマッシュアップでしょうし、グッチ裕三さんのコミックソング（？）の連作『江戸川サリバンショー』でも、マッシュアップの傑作が続々登場します。

『サザエボン』
（http://www.kanshin.com/keyword/230131 より）

著作権の重要性とともに、高まる「権利処理の壁」

さて、しばらく技術や社会面での革新が文化にもたらす変化について述べてきましたが、こうしたことすべてが、著作権を代表とする情報の独占制度が強調される下地を作ってきたように思います。

まず、文化産業が巨大化すると、著作権があるかないかで収入がまったく変わります。ハリウッドの映画会社は時に一本あたり百億円もの製作費をかけて映画を作りますが、世の中に著作権がなかったら、おそらくビジネス構造自体が成立しないでしょう。巨費を投じて映画が完成した後、誰かがフィルムを入手して勝手に上映したりＤＶＤ化して売ってもいいとなれば、製作費を回収できないからです。

逆にいえば、おおむね著作権が機能しているからこそ、作品から巨額の収入を得られているのです。これは特に、「複製芸術」といわれる書籍、映画、レコードなどのジャンルにあてはまります。このように、文化産業が巨大化することで、著作権の重要性は格段に増大しました。

同様に、市民文化活動の普及により、著作権がはたらく場面は身近にも広がりました。

他方で、複合的作品や多次的作品では、作品を創造・利用するうえで著作権をクリアしなければいけない場面は格段に増えます。たとえば、大勢で集団創作した作品は、基本的に著作権は共有です。共有の場合には、権利者全員の同意がないと作品を利用できません。

前述のとおり、日本では現在「製作委員会方式」といって映画を共同製作することが一般的ですが（→61頁）、ほとんどのケースでは映画の著作権は出資した複数の会社が共有します。原則をいえば、そのうち一社でも反対したり連絡がとれなくなると作った映画は利用できなくなります。そうならないように契約書を交わして万全を期すことになっているのですが、現在のように時に十社以上の多数で映画の著作権を共有する日本特有の仕組みでは、将来、映画の利用をめぐって著作権が障害になる可能性はそれだけ高まります。

多次的作品も同じです。多次的作品を作ること自体が既存の著作物の「複製」や「翻案」「編曲」を伴うことが多いので、創作にはオリジナルの著作者の権利処理がかかわります。それに、作られた二次的著作物にはオリジナルの著作者の権利も「乗って」いますからその利用には原著作者の許諾も必要です。（→43頁・図表「二次的著作物の利用権」）「三次的」「四次的」著作物となれば、そこには大勢の権利が「乗って」いて、著作権共有の場合と同じように、そのうちひとりでも同意が得られなければ作品は利用できません。複合的・多次的作品では、かかわる権利者もそれだけ多くなるのです。

こうした事情により、著作権の重要性が高まる一方で、新たな表現や利用と著作権が衝突する場面も拡大しています。必要な権利者の許可が得られずに「権利処理の壁」にぶつかるケース、そのせいで作品がお蔵入りになるようなケースも増えたように思います。

短期的にはディジタル化とネット普及の影響が大きいのでしょうが、中長期的には二十世紀の社会と文化の変化が、著作権の重要性や、逆に多次的作品を中心に著作権との衝突を増やしてきたといえるのではないでしょうか。

「社会の法化」と、狭まるグレー領域

前述のとおり、多次的作品の多くはオリジナル作品の「複製」や「翻案」にあたるため、著作権法の原則からいえばオリジナルの権利者の許可をとらないと作れないはずです。それでも、現実にはまだ少なからぬ作品が許可なく作られているように思います。これらには、①規模が小さいため今のところ問題になっていなかったり、②権利者から「おもしろいからいい」と黙認されているものがありそうです。

コミケなど、小規模な二次創作は本格的なクリエイターが生まれてくるための「揺籠《ゆりかご》」だという指摘もあります。コミケに来る人たちは漫画界にとっても最大のファン層だから、あまり厳格にしかねる部分もあるのかもしれません。

つまり、カヴァーの箇所で述べた「グレー領域」です。「グレー」にはふたつの意味があって、法的に解釈がはっきりしないものと、現行法ではおそらく違法だが、慣行として比較的大目に見られているものの双方を含みます。

そこには微妙なバランスがあって、やり過ぎればたたかれます。非営利・小規模、あるいは趣味的な利用は大目に見られやすいでしょうし、商業的、特に営利を前面に出したような利用は問題にされやすいでしょう。

それなりに原著作者側の事情と多次的創作をする側の事情が斟酌《しんしゃく》されるシステムとして、グレー領域には効能があるのかもしれません。

ところが、このグレー領域は近年、確実に狭《せば》まっています。

直接の原因は、著作権が日常的に注目・強調されるようになって、権利意識も全般に強まっていることでしょう。従来だったら「失礼だ。許せん」というレベルの話だったかもしれないことが、今は著作権侵害としてクレーム対象になり、時には裁判に及ぶことも増えてきています。

このように著作権が強調されるようになった時代背景はすでに述べましたが、もうひとつの背景として、「社会の法化」といわれる現象があります。

従来の日本では、基本的には法律を強く意識せず、共同体の慣習に従った、ある種協調的な、悪くいえば馴《な》れ合いで長いものに巻かれがちな社会運営が中心でした。しかし、社会の「近代化」が進むにつれて、特に西欧的価値観を強く意識した法システムに従ってビジネスや日常生活をおこなっていこうという傾向が強まっています。

たとえば契約書を交わそうとか、個人の権利義務を明確にしようといった動きがそうです。これは過去数十年、日本社会のあらゆる側面で大規模に進んできています。「コンプライアンス」という言葉が流行《はや》ったのも、こうした「法化」の一面といえるでしょう。著作権制度の面では、侵害に対して厳罰化が進んでいることも影響がありそうです（↓27頁）。

文化史の分岐点

こうした社会の法化、著作権への注目の流れのなかで、権利者も多次的創作にはより厳しい目をそそぎ、多次的創作をおこなう側もリスクのある表現を避ける傾向が強まっています。

従来は曖昧でグレーだった多次的創作を、私たちの文化のなかでどう位置づけるか、著作権的にはどう扱うか。今、もっと正面きった議論が必要に思えます。著作権法の誕生以前、多次的創作は（一定の節度を求められつつも）基本的に自由でした。そのなかでシェイクスピアのような翻案の天才が数々の傑作を残しました。

著作権の重要性がますます高まった過去数十年、グレー領域は次第にその役割を失い、多次的創作は、（許諾を得られない限りは）一律で違法という性格を強めつつあります。その意味では、私たちは、文化史の一大分岐点に直面しているともいえるでしょう。

現在、果たしておもしろい作品、傑作は以前ほど生まれているのか。多次的創作を一定の限度で認めつつ、オリジナル作品の正当な利益を守る方策はないのか。法律の領域にとどまらない地道な検証と、大きな知恵が必要な時期なのかもしれません。

第四章　ＰＤ、オア・ノットＰＤ、それが問題だ
——著作権は何年間守られるべきか

欧米では九〇年代に一律二十年延長

ここまでは著作権の独占範囲がどのような利用に及ぶかという、いわば横軸の問題を考えてきました。この章では「著作権は何年間守られるべきか」という、いわば縦軸の問題を考えます。その中心は、二〇〇六年から二〇〇七年にかけて話題になった、著作権の保護期間延長問題です。

著作権の保護期間は、「著作者の生前全期間とその死亡の翌年から五十年」が原則です。この期間を過ぎると著作権は消滅してしまい、作品を複製するのも上演・演奏や公衆送信するのも、すべて自由になります（別表・著作権などの保護期間）。これは、ベルヌ条約という著作権の国際条約で決められた最低水準で、一九九〇年代までは世界のほとんどの国で死後五十年という保護期間がとられていました。

ところが、欧米では一九九〇年代に相次いで、この保護期間を二十年延長しています。最初はＥＵが、ＥＵ統合の際に一国だけ長かったドイツにあわせるかたちで延長しました。次いでアメリカが、ＥＵとの関係もあり、また映画業界などの強いロビイングで延長しま

著作権などの保護期間

原則：著作者の生前及び死亡の翌年から50年
匿名・ペンネーム・団体名義の場合：公表の翌年から50年
映画の著作物：公表の翌年から70年（2004年より延長）
＊旧著作権法による例外あり
戦前・戦中の欧米（連合国）作品は「戦時加算」による延長あり
著作隣接権：実演、レコードの発行、放送、有線放送の翌年から各50年
著作者人格権・実演家人格権：死後も利益保護。請求権者は配偶者、子、父母、孫、祖父母、兄弟姉妹に限定（記載の順）

した。このロビイングの中心にいたのがハリウッド・メジャーで、ミッキーマウスの著作権の保護が切れそうだから延ばすのだといわれ、「ミッキーマウス保護法」だなどと揶揄《やゆ》されました。

前述したとおり、著作権は情報の独占を認める制度、ある種の表現規制法です。そのため、適正な保護期間はともかく、あまり長すぎるのは問題だとして、アメリカでは二十年延長に対して違憲訴訟が起きました。この違憲訴訟を闘った中心人物のひとりが、後述するクリエイティブ・コモンズ（→186頁）の提唱者でもあるローレンス・レッシグ教授です。

しかし、二〇〇三年に連邦最高裁は七対二の評決で、延長は違憲とはいえないという判決を下し、アメリカでは二十年延長で決着しています。議会が一度定めた法律

は、憲法に違反しない限りは覆せませんから、違憲訴訟はもともとハードルが高いのです。

延長を繰り返されてきた保護期間

それでは、なぜアメリカで、そして後に日本でも、保護期間の延長に反対論が出たのでしょうか。背景のひとつに、著作権の保護期間がその誕生以後、延長を繰り返されてきたことが挙げられます。

たとえば、著作権発祥の国イギリスでは、最初の著作権法である「アン女王法」が誕生した一七一〇年、保護期間は「公表から十四年間(一定の条件で二十八年)」が原則でした。それが、二十八年、四十二年、それから死後何年というように延びていき、二〇〇一年には「生前全期間プラス死後七十年」にまで延びたのです。

この時点でのイギリス人の平均寿命は七十四歳だったそうですから、生前保護を三十年とみるならば、生前三十年プラス死後七十年で、公表から百年。当初の期間と比べると、三百年で約六倍以上に長期化したことになります。

アメリカの場合、二十世紀の百年間で、保護期間の原則は「公表後二十八年(更新で四十二年）」から、「公表後九十五年又は死後七十年」へと、約三倍前後に長期化しました。

もうひとつ、他の知的財産権の保護期間と比べると、著作権はかなり長いと指摘されることもあります。たとえば、日本の場合、特許権の保護期間は「出願から二十年」が原則です。著作権のほうは、現在の日本の「死後五十年」を前提とすると、生前保護を三十年とみて合計八十年間。つまり、著作権は特許権の四倍前後の保護期間があることになります。こうした背景もあって、アメリカでの二十年延長に対して、「このまま延長が繰り返されて、著作権は半永久的に続くようになるのではないか」という危惧《きぐ》を抱く人々が多かったのです。

日本での延長論議の経緯

さて、この連邦最高裁判決の前後から、アメリカは他の国にも保護期間の延長を働きかけるようになりました。日本に対しても、二〇〇二年以後毎年、「年次改革要望書」という、しばしば外圧の象徴のようにいわれる政府間文書の中で保護期間の延長を要求するようになりました。

二〇〇六年、日本文藝家協会などの権利者団体十六団体（後に十七団体）も、政府に延長を要望し、文化庁は保護期間延長を文化審議会で検討することを約束しました。この段階で、保護期間延長を「既定路線」と感じた人は多かったかもしれません。

権利者団体の要望の直後に、クリエイターや研究者などからなる「著作権保護期間の延長問題を考えるフォーラム」という団体が立ち上げられ、保護期間延長について文化庁に慎重な検討を申し入れました。

このフォーラム（通称ｔｈｉｎｋＣ）には、劇作家の平田オリザさん、音楽家の坂本龍一さん、田村善之教授や中村伊知哉教授といった著作権やメディア政策の第一人者など、立場を超えた多彩な人々が発起人に名を連ね、その後公開イベントをたびたび開催して、保護期間延長やそれをとりまく著作権の問題を活発に議論していくことになります（筆者は、ジャーナリストの津田大介さんとともにこのフォーラムの呼びかけ人であり世話人でした。フォーラムは、クライアントの皆さんにご迷惑をかけるほど時間もとられましたが、書き尽くせないほど珍事あり感動ありで、忘れがたい経験になりました）。

つづいて、日本弁護士連合会（日弁連）は保護期間の延長に反対する意見書を文化庁に提出し、また、後に登場する電子図書館の「青空文庫」（↓134頁）が、延長反対の署名を開始しました。

翌二〇〇七年、文化審議会の中に、「過去の著作物等の保護と利用に関する小委員会」（保護利用小委員会）という長い名前の委員会が立ち上がり、延長問題などについての本格審議がはじまりました。小委員会は延長派・慎重派のバランスをとった委員構成でスタートされ、その意味でも画期的だったといえます。

委員会では作家の三田誠広さんら延長派と、中山信弘教授ら慎重派で論戦が交わされ、関係者を招いての大規模なヒアリングも実施されました。新聞・TV・ネットなど各種メディアも特集を組み、おそらく日本は先進国の中でも保護期間延長をめぐってもっとも幅広く、かつ「熱い」議論が展開された国になったと思います。

新しい創作は促進されるのか

保護期間を延長する理由は、何でしょうか。

もちろん著作権継承者の立場に立てば保護期間は長いほうが収入も増えるわけですが、

それだけでは法律を変える理由として十分とはいえません。延長の積極的理由として、「保護期間が長いほうが創作者の意欲が高まる」と説明されることがあります。

確かに、保護期間が極めて短ければ収入を確保できないし、創作者が活動をつづけられなくなるおそれはあります。もっとも、現行法でも生前全期間と死後五十年までは保護されています。死後五十年経つと通常、創作者本人は亡くなっていますから、それ以上の延長が創作を直接支えることはなさそうです。

これに対して、「死後五十年経った後の著作権収入が、その創作者の記念館の運営費の一部に使われたり、新たな若手の創作に投資されることがある。だから、保護期間延長が創作を促進することはあり得る」と指摘されることもあります。

死後の著作権収入のかなりの部分は遺族の収入になるでしょうから、全体の何パーセントがそうした再創造に使われているか、調べてみる必要があります。しかしそれ以前に、果たして死後五十年経ってからの著作権収入はそんなに期待できるものなのでしょうか。

著作物は概して市場的には短命

この点、前述のアメリカの違憲訴訟の際には、五人のノーベル賞受賞者を含む、十七名の経済学者が提出した法廷意見が注目を集めました。そこでは、「保護期間を死後五十年から死後七十年に延ばすことによる収入の増加は、現在の価値に直せば著作権収入全体の一％にも充たない」とされたのです。

さらに、もっとストレートに、書籍の売上が著者の死後いかに急速に落ち込み、死蔵される作品がいかに多いかを示した研究があります。発表したのは朝日新聞の記者、丹治吉《たんじよし》順《のぶ》さんで、実に詳細な労作です。

保護期間の延長が問題になるような書籍の著作者とは、もうすぐ死後五十年経ちそうな人々ですから、彼は、各種データベースを使って一九五七年から六六年の間に物故した著作者を千七百十名、その書籍を約三万八千点ピックアップしました。

そのうちで、著作者の死後に刊行された書籍点数をカウントすると、全体の四分の一以下しかないそうです。しかも死後刊行される本の点数も急激に減少し、推計すると死後五十年までの十年間では全体の一・九四％に過ぎないという結果になりました。

さらに想像にかたくない話として、生き残る書籍はごく一部の作家に集中する傾向が強いそうです。死後四十年以上経って出版される二％弱の本のうち、四分の三までが上位五％の著作者に集中しています。死後四十年以上経つと、大半の著作者の、ほとんどの作品は絶版となり、ある意味で死蔵されているのです。

それは何を意味するか。ほとんどの著作者のほとんどの本は、保護期間を延長しても著作権収入は生まない。著作者本人はもとより、遺族にすら何の収入ももたらさないということです。実際、丹治さんの研究の時点では、長谷川伸（『瞼の母』）といった往年の大人気作家の作品もほとんどが絶版であり、永井荷風の作品さえ、ページ数に換算してその四分の三弱は入手困難だったとされます。

経済的な意味では、保護期間をこれ以上延ばしても創作振興の意味合いは薄いのかもしれません。

保護期間の切れた作品に基づく再創造

著作権の保護期間が切れることによる創作の活性化もしばしば指摘されます。

保護期間が終了した作品を「パブリックドメイン」、略してＰＤなどと呼びますが、こうした古い作品に基づいて新しい作品が作られる例は、数多くあります。

近いところでは、近年の「新訳ブーム」です。有名なのは『星の王子さま』ですが、サン゠テグジュペリの著作権が切れてから、さまざまな出版社が別の翻訳者によるバージョンを出しました。出版界全体には新しいビジネスチャンスが生まれ、人々はさまざまな訳で『星の王子さま』を楽しむことができるようになりました。ＰＤ作品の新訳では、亀山郁夫《いくお》さんによるドストエフスキーの『カラマーゾフの兄弟』も大ベストセラーになりました。

新訳だけには限りません。

前著でもご紹介したとおり、シェイクスピアの『ロミオとジュリエット』にも、かなり近い時代のそっくりな下敷きがありました。それがシェイクスピアの最後の一タッチで歴史的な傑作になったのです。さらにその『ロミオとジュリエット』から、オリヴィア・ハッセー主演の映画やレオナルド・ディカプリオ主演の映画も生まれ、オペラやバレエの傑作も生まれ、翻案というかはともかくミュージカル『ウエストサイド物語』も生まれました。

同じくシェイクスピアの原作からは巨匠黒澤明も『蜘蛛巣城《くものすじょう》』（『マクベス』）や『乱』（『リア王』）で見事な翻案をおこなっています。黒澤は近代の作品からもゴーリキー（『どん底』）やドストエフスキー（『白痴』）といった群像劇の大傑作を作りました。ヴェネチア映画祭で金獅子《きんじし》賞を受賞した『羅生門』の原作も、芥川龍之介の『藪《やぶ》の中』、そのまた原型は『今昔物語《こんじゃくものがたり》』です。本書執筆中にも、十九世紀末の少女受難劇『小公女』が、TVドラマ化されて放映中です。

ミュージカルの二大傑作、『レ・ミゼラブル』と『オペラ座の怪人』は、いずれもパブリックドメインになったばかりの小説を翻案したものでした。二〇〇九年にも宮本亜門演出で上演された音楽劇の最高峰、ブレヒトの『三文オペラ』も、十八世紀に圧倒的な人気を博したジョン・ゲイの『乞食オペラ』を下敷きにしています。

ドラキュラは、未だに世界的に巨額のライセンス収入をあげるキャラクターですが、ブレークしたのは往年のユニヴァーサル映画『魔人ドラキュラ』です。ところが、これも元はブロードウェイの舞台で、そのまた原作はブラム・ストーカーの小説です。

ディズニーも、アンデルセン（『リトル・マーメイド』）、グリム（『白雪姫』）、ルイス・キャロル(『ふしぎの国のアリス』)など、PDになった作品から無数のアニメ映画の傑作を作りました。福田美蘭さんが作品に取り込んだことでご紹介したディズニー映画『ファンタジア』ですが(↓95頁)、そもそも『ファンタジア』も、PDになった多くのクラシック音楽を映画で翻案した例です。筆者はその中の、金魚たちによる幻想的な「アラビアの踊り」は、ほかで見たどの『くるみ割り人形』の舞台よりも印象に残っています。

宮澤賢治の代表作『銀河鉄道の夜』は、漫画や舞台に無数に翻案されたうえ、杉井ギサブロー監督・別役実脚本・細野晴臣音楽という目のくらむ組み合わせで八〇年代を代表する美しいアニメ映画になりました。

漫画といえば、ドストエフスキーの『罪と罰』も、手塚治虫《おさむ》(『罪と罰』)と大島弓子(『ロジオン・ロマーヌイチ・ラスコーリニコフ』)という二人の天才が漫画化しています。その手塚治虫の『鉄腕アトム』の中でも最高傑作と言われる「地上最大のロボット」に、浦沢直樹さんが正面から挑んだリメイク作品が人気作『プルートウ』です。

落語はそもそも翻案が当たり前の世界です。ひとつの噺《はなし》を師匠から教わって、それに手を加えてまた新たな傑作が生まれます。「地上最大のロボット」ならぬ落語史上最大の人物といえば大名人・三遊亭圓朝《えんちよう》ですが、彼の『文七元結《ぶんしちもつとい》』や『芝浜』などの傑作は、歌舞伎の演目にもなっています。圓朝はもともと芝居噺の人でしたから、噺の舞台化はいわば逆輸入ですね。

歌舞伎の『忠臣蔵』（仮名手本忠臣蔵）は、どれだけTVドラマ・映画で二次創作されたかわかりません。筆者が高校生の頃見たNHK『峠の群像』など、名場面の数々を今でも思いだします。中国の古典はどうでしょう。『西遊記』は時代を経て、TVドラマで堺正章と亡き夏目雅子の一代の当たり役を生み、その後もたびたびリメイクされています。

音楽でカヴァーに伴って大幅なアレンジがされる例はすでにご紹介しましたが、バッハの『メヌエット』はサラ・ヴォーンの『ラヴァーズ・コンチェルト』となり、ベートーヴェンの『悲愴《ひそう》』はビリー・ジョエルが歌い上げる『ディス・ナイト』（邦題：『今夜はフォーエバー』）となりました。

平原綾香さんが歌ってクラシック・カヴァーブームの引き金になったホルストの『ジュピター（木星）』ですが、権利者が著作権に厳格で楽章ごとの演奏は認めないとさえいわれていましたから、著作権の保護期間が切れなければ実現不可能なカヴァーだったとされます。

ベートーヴェンの『エリーゼのために』などは、ザ・ピーナッツ（『情熱の花』）から宮川彬良《あきら》さんに至るまで、ＪＡＳＲＡＣのデータベースで確認できるだけでも五十曲以上の新曲となって生まれ変わっています。これらの新曲は、曲としてもよいものが少なくない上、それだけの新たなビジネスと収入を音楽業界にもたらしているともいえます。パッヘルベルの『カノン』もカヴァーの多い曲ですが、八〇年代アンダーグラウンドを象徴する歌姫・戸川純の『蛹化《むし》の女』の印象は鮮烈でした。

こうした多次的創作は、私たちの文化にとって切り離すことのできない豊かな部分を形成しています。仮に保護期間がどんどん延ばされたら、そうした創作の源泉が細ってしまうのではないか。それは私たちの文化に、目立たずゆっくりと、しかし決定的な影響を与えるのではないか。延長論に対する危惧の奥深いところには、こうした懸念が横たわっているようです。

「許可をとればいいではないか？」

もちろん、保護期間が延長されたとしても、権利者の許可をとれば多次的創作は可能です。ただ、前述の『ジュピター』の例にあるとおり、多次的創作は、それが意欲的なものであったとしても、必ずしも権利者の許可を得られるとは限りません。前述したアニメ映画『銀河鉄道の夜』の企画も、脚本を担当した別役実さんによれば、権利者の許可が得られず、宮澤賢治の著作権が切れるまでお蔵入りになっていたとされます。

ただし、本当の難関は別なところにあります。

それは、著作権は死後、相続人全員の共有になるのが原則だということです。

日本人は伝統的に、あまり遺言や遺産分割協議をおこないません。おこなうとしても、著作権は土地や預金と違い、この分割協議などから除かれることが少なくありません。すると、著作権は原則どおり、相続人全員の共有になります。そのまま死後五十年が経つと、そろそろ孫から曾孫に主導権が移りそうな時期で、相続人も数が増えたり、増えないまでも関係が疎遠になりがちです。

そして、「多次的作品」の箇所でも書きましたが、著作権が共有されている場合には、権利を保有している全員の同意がないと著作物は利用できないのです。たとえばひとりでも反対したり、あるいは連絡がとれなかったら、仮にほかの相続人が切望していても企画は実現できません。

死後五十年以上も経った方の相続人をどうやって探すのでしょうか。私たち弁護士が探すときなどは、厳密におこなおうとすれば戸籍謄本をとります。それも一通ではなく、途中で結婚して独立したりすると枝分かれしますから、すべて順繰りに遡《さかのぼ》って追っていくのです。

死後五十年以上も経つと、油断するとご本人たちも知らない別な相続人が存在していたりします。その全員を調べて、全員の許可をもらわないと作品は利用できないのです。

実をいえば、大規模な商業的利用の場合でも、必ずしもそこまではやりません。代表的と思える遺族の方に連絡をとる程度です。そのため、許諾ということをやや簡単に考える方もいます。しかし、著作権意識が強くなるこれからは、おそらくもっと厳密な権利処理が求められるでしょう。権利侵害のリスクも大きくなっていますから、権利処理が複雑そうなら、むしろ企画内容を変えるというケースも増えるように思います。つまり、作品のほうを犠牲にするのです。

小規模な利用、非営利の利用の場合は、さらに難問です。

たとえば市民劇団や、詩を朗読したり曲をつけて歌う「ポエトリー・リーディング」の団体が、創作者の死後七十年近く経つ戯曲や詩の権利者を正しく探し出して、上演や朗読の許可をとれるでしょうか。

宮澤賢治も、弟の清六さんの努力ももちろんですが、詩人の草野心平が作品の紹介に尽力し続けて、社会に知られました。近年、急速に評価が高まった詩人の金子みすゞも、研究者らによって再発掘されなければ歴史に埋《うず》もれていたでしょう。彼ら在野の理解者が、作品を紹介するために厳密な権利処理をいつでもできるでしょうか。

網羅的なデータベースと作品の集中管理

もちろん、こうした問題は、保護期間が死後五十年である現在も存在します。著作者の死後の許諾のしくみについては、何らかの対策を考えなければなりません。

抜本的な対策として、大多数の著作者を網羅するデータベースを整備したり、作品の集中管理を進める提言がおこなわれ、現にいくつもの取り組みがはじまっています。そのデータベースを見ればほとんどの作品の権利者の連絡先や許可の条件がわかるならば、作品の利用や流通は促進されるでしょう。

こうしたデータベースの整備は望ましいものの、(歴史的に集中管理が進んでいる音楽を除けば)大多数の権利者を網羅する実用的なデータベースの構築は容易ではありません。たとえば、文芸だけに絞っても、国立国会図書館に所蔵される和図書の著者は約八十七万人もいます。その大部分は、延長問題の影響を今後受けそうな時代の方々です。

これに対して、文芸関係でもっとも多くの作品の著作権を管理している、日本文藝家協会に作品を委託している著者の人数は、二〇〇九年時点でその約二百五十分の一です。このように、権利や権利情報が集中的に管理されているのは日本の書籍のなかでも少数です。これに海外の書籍が加わり、映像・美術・ゲームなどほかのジャンルが加わります。

権利データベースや集中管理の整備は積極的に進めるべきで、この点については後述します(↓190頁)。ただし、保護期間延長の前提条件として考えるならばその道のりは遠く、当分は現実の整備状況を見守るほかなさそうです。

作品や創作者の尊厳と著作権

以上のほか、保護期間延長の根拠として、「作品を勝手に使われたくないのは遺族の当然な思いであって、現にひどい使い方がある」と指摘されることもあります。挙げられていたのは、萩原朔太郎《はぎわらさくたろう》の著作権が切れた結果、彼の作品がお菓子の包みに使われたという例です。

この問題は奥行きが深く、作品への敬意のありようを創作者やその遺族が規定できるのか、仮に規定できるとしても、著作権はそれを達成するための手段なのか、という疑問に通じます。

どのように作品を愛するか。それはクリエイターも介入できない、一人ひとりの読者・観客の聖域ではないでしょうか。作品の尊厳は作品そのものから生まれます。クリエイターの死に物狂いの創作の努力によって、作品を受け止めた読者・観客の心に直接生まれます。法律には、それを促進したり、つなぎ止める力はありません。

加えて、著作者の最低限の尊厳を守るための権利は著作権法で別に規定されています。それは著作者人格権で、「氏名表示権」と「同一性保持権」という、死後を含めて創作者の最低限の尊厳を守るための権利です。

著作権は「著作財産権」と呼ばれるほどで譲渡性があり、現にしばしば対価をともなって譲渡されます。保護期間の延長が議論されているのはこの財産権のほうですから、著作者人格権とは守備範囲を区別した議論が必要かもしれません。

最適な保護期間を求めて

保護期間延長論にはこのほかにも、「欧米が採用したからには死後七十年は世界標準であり、日本は従うほかないのではないか」とか、「期間を調和させないと作品の国際流通が害されるのではないか」といった議論もあります。「欧米並みにならねば」という点についてはここでは論評しませんが、作品の国際流通については、まさに机上論ではなくて実証的な議論が必要だと思います。

国際的なコンテンツ流通の現場にいる者のひとりとしていえば、国による期間の不統一がビジネス現場で致命的な障害になるのか、「期間が不統一だから日本とのビジネスはやめよう」といった事態がそれほど起きるのか、やや疑問は感じます。

こうしたさまざまな点を踏まえて、保護期間を延ばすのと延ばさないのと、どちらが明日の社会のためになるのかを考えるべきでしょう。

その際に念頭におくとよいのが、「法と経済学」などの分野で議論されるように、ある法制度が正当化されるのは、その社会的なメリットが、その制度による社会的なデメリット（コスト）を上まわる場合だけだ、という「社会的費用」の発想かと思います。

著作権に限らず、日本では新しい法制度ができるときには、ややもするとムードに流された「空気」の議論がされがちです。そして、いったん制度ができてしまうと、事後的な検証というものがほとんどおこなわれません。

しかし、現代では、著作権やその他の情報独占制度は、そんな「空気」の議論で決めてしまうにはあまりに文化・社会にとって決定的な影響をもっています。事実とデータに基づいた、粘り強い議論が必要なのだと思います。

二〇〇九年一月、前述の文化審議会「保護利用小委員会」は、「保護期間延長問題をめぐっては、著作権制度全体についてさらに議論を深める必要がある」との結論を公表しました。その後も紆余曲折《うよきょくせつ》を経ながら、本書執筆時点で、日本は死後五十年保護国でありつづけています。

第五章　アーカイヴィングの現在
――電子図書館、番組ライブラリー、フィルムセンター

情報の収集・保存・紹介

本章は作品を収集・保存する電子図書館やフィルムセンターの話です。こうしたアーカイヴィングは、本章を執筆しはじめた頃、むしろ地味な話題でした。しかし、いまや世界最大のネット企業と欧州委員会がしのぎを削るまでの、ディジタル化の最前線として注目をあびています。そして、著作権とのかかわりも大きな分野、それがアーカイヴィングです。

さて、「アーカイヴィング」といっても色々な意味で使われますが、ここでは既存のさまざまな作品や情報を「収集」し、「保存」し、時に「修復」し、そして「紹介」する作業とします。収集して保存されている情報の束、いわばデータベースを「アーカイブ」と呼びます。

その意味では、私たちの一番身近なアーカイブは図書館でしょう。「書籍」という情報を収集、保存、公開しています。東京にあまたある区立図書館の中で、蔵書数が上から百位クラスのところでも一館で十万冊もの収蔵数だそうですから、膨大な知識の蓄積、まさに文化のオアシスです。

筆者もご多分にもれず、最近はネットで書籍を入手することが増えました。これも実に便利です。昔であれば本屋をはしごしたり、それでも見つからなければ注文して待たなければならなかった本が、しばしば簡単に手に入ります。図書館も、最近は検索機能が充実しており、同じ区域内の館同士で本を取り寄せたり、さまざまなサービスがあるので便利ですが、それでも本を探して入手するのに若干の手間がかかります。

しかし、この目的の本に行き着くまでの「寄り道」と、それがもたらしてくれる思いがけない本との出会いが魅力です。加えて、少し本を探す手間や順番待ちがある代わりに、図書館は誰にでも開かれ、そこでは万人がふんだんに文化と知識の恩恵を受けることができます。

こうしたことは図書館だけでなく、もちろん、博物館や美術館にもあてはまります。アーカイブはすでに私たちの身近に数多くあり、そして文化の大きな一翼を担っています。

では、なぜ今あらためて「アーカイブ」という言葉が注目されるのでしょうか。

「青空文庫」と「近代デジタルライブラリー」

理由はやはり、ディジタル化とネットワーク化です。ディジタル化で情報の大量複製・高速処理ができるようになり、そしてネット化で空間を超えて情報の流通が可能になった。これがアーカイブの可能性を大きく伸ばしました。そもそもインターネット全体が巨大なアーカイブともいえますが、今述べたような特性を生かして、さまざまなディジタル・アーカイブが発達するようになったのです。

そのうち、まずは「ディジタル・テキスト・アーカイブ」、書籍や論文などのテキストのアーカイブを見てみましょう。この分野で先駆的だったのは、アメリカの「プロジェクト・グーテンベルク」です。一九七一年創始で、パブリックドメイン（ＰＤ）の、つまり保護期間の切れた文献などが中心の電子アーカイブ事業です。ボランティアによって支えられ、二〇〇九年時点で三万点以上の文献が収録されているそうです。

その日本版といえ、ネットを中心に根強い支持を受けるのが「青空文庫」です。一九九七年創始の、やはり、保護期間の切れたＰＤの作品を収録する電子図書館で、所蔵約八千

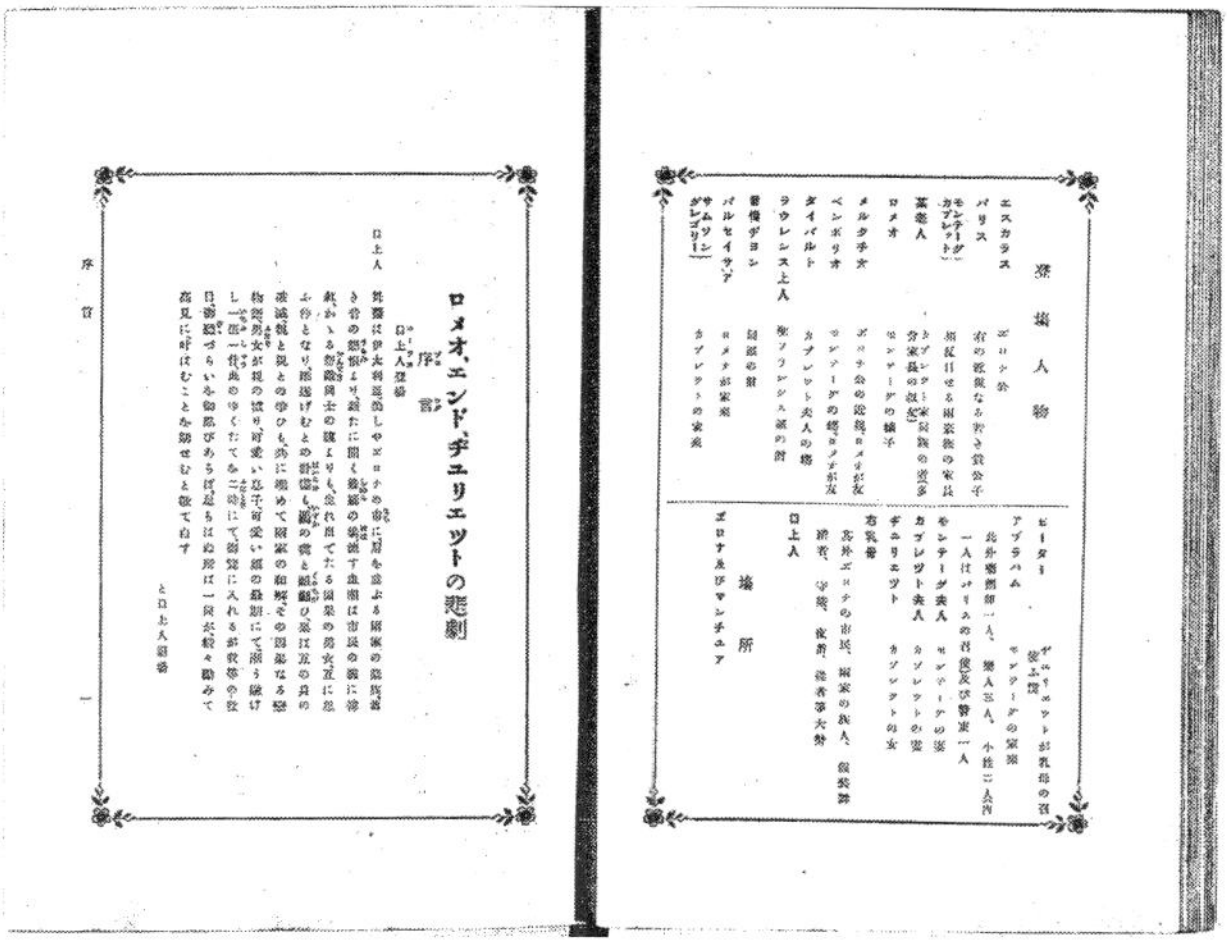

シェークスピア『ロメオ、エンド、ヂユリエツトの悲劇』(「沙翁全集」第2巻、戸澤姑射・浅野和三郎訳、大日本図書、1909)
(国立国会図書館近代デジタルライブラリー　http://kindai.ndl.go.jp/ より)

五百点（二〇〇九年時点）。こちらも支えているのはボランティアです。

収録冊数ではこれらを大きく上回るのが、国立国会図書館の「近代デジタルライブラリー」という文献アーカイブです。これもＰＤの作品が中心で、本書執筆時点では十五万六千冊も閲覧することができます。

図をご覧ください。「近代デジタルライブラリー」の実際の画面で、明治四十二年の本邦初訳『ロメオ、エンド、ヂユリエツトの悲劇』です。題名の訳がすごいですね。なぜ「アンド」が英語のままなのかわかりま

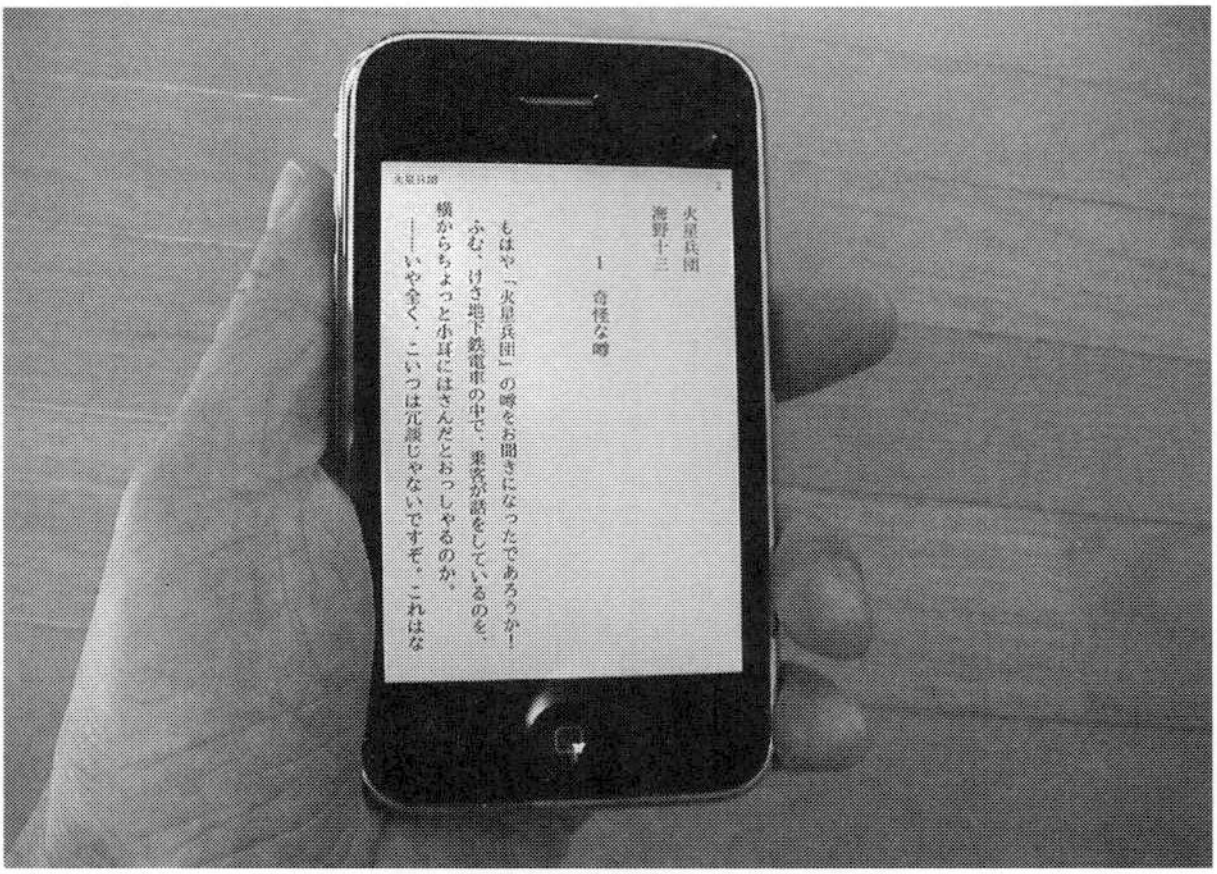

iPhoneでみる海野十三『火星兵団』
（青空文庫　http://www.aozora.gr.jp/ より）

せんが、江戸の戯作の文体が生きていて、なかなか味わい深い翻訳です。これは、ご覧のとおり書籍をそのままスキャンした画像データです。本を読むのと同じ臨場感が再現されており、その意味では本当に図書館の延長なのだと感じます。国会図書館では今後、ＰＤでない蔵書も含めていっそう大規模にディジタル化を拡充していく計画を発表しています。

他方、青空文庫は、画像ではなくテキストデータなのが特徴です。「青空工作員」と呼ばれるボランティアの方が、自分が選んだ保護期間切れの作品を、自分で志願して全部手入力するのです。書誌情報（著者、発行所、発行年などのデータ）もあり、何を底本としてどなたが入力したか、どなたが校正したかがわかるようになっている。

そして、このテキストは完全自由公開されています。もとより保護期間が切れているから利用制限はされず、誰がどう使っても自由なのです。ニンテンドーDSの「DS文学全集」という人気ソフトでも、この青空文庫のデータが使われていますし、iPhoneなど携帯端末向けのブックリーダーも普及していて、手軽にさまざまな作品を読むことができます。筆者は青空文庫呼びかけ人の富田倫生《みちお》さんとは親しいのですが、対価も一切受け取っていないと聞きました。

図は、iPhoneで読むSF作家・推理作家である海野十三《うんのじゅうざ》の『火星兵団』。「日本SFの父」といわれる彼が戦前に発表した大活劇ジュブナイルSFです。

テキスト・アーカイブのさまざまな可能性

さてこうしたテキストのアーカイブは、もちろんそのまま閲覧したりコピーしてブックリーダーで読むうえでも便利です。特に、ディジタルデータの場合、自由に文字を拡大して表示できますから、弱視や老眼の方でも読みやすい。こうした方向けには現在でも大活字本が出ていますが、それほど多くの点数が出版されてはいませんので、これは福音でしょう。さらに、テキストデータ化されていれば、音声読み上げソフトを使って、全盲の方でも聞くことができます。

海外在住で書籍の入手が難しい方にも、アーカイブは効用大です。特に海外の研究者が日本語の文献を読もうとすると言葉の壁で大変ですが、テキストデータなら自動翻訳でおおよその意味をつかむ助けになる。また、読み上げソフトがあれば、漢字まではわからない研究者の方でも意味をとりやすいでしょう。

「近代デジタルライブラリー」のように、蔵書数とスケールメリットを生かした大規模プロジェクトにも期待したい一方で、「青空文庫」のように無償のボランティアを募ったテキストファイル化は、ネット上の非営利プロジェクトならではという気がします。その作品のファンがひとりでも多くの読者に読んでもらいたいと願って一作品ずつ入力する。ストレートな商行為としては採算がとりづらく、かつ予算もほぼ無いところでも、デジタル・アーカイブは成立する。その生きた証ともいえます。

アーカイヴィングには著作権者の許可が必要

さて、これまで紹介してきたディジタル・アーカイブは、いずれも著作権保護期間の切れた作品が中心でした。その理由は、いうまでもなく権利処理の負担です。ここでアーカイブにまつわる著作権の問題を整理しておきましょう。

まず、書籍のディジタル化は「複製」です。手入力でもスキャニングして画像データにしても複製である点は同じです。それから、ネットワーク経由でアーカイブを公開すれば「公衆送信」です。後述するフィルムアーカイブで、入館者が作品をブースで見られるようになっている場合には「上映」です。映写スクリーンに映さなくても、TVモニターを用いても法律上は「上映」です。(→43頁)

これらはいずれも著作権にかかわる利用ですから、作品をアーカイブ化しようとするなら、著作権者の許可がなければできないのが原則です。公開どころか、ディジタル化もできません。

しかし、大量の書籍についてアーカイブ化のために著作権者の許可をとるのは、想像するだけで大変です。そこで、多くのディジタル・アーカイブは、著作権者の許可が不要なPDの作品に対象を絞って収録・公開しているのです。対象は著作者の死後五十年以上経った作品ですから、本書の執筆時点でいえば、昭和三十年代の前半までに亡くなった方の作品が中心です。明治期・大正期の書籍はかなりその対象に入ります。昭和の戦前の作品になると、ある程度は対象になりますがならないものも多く、戦後の対象作品はまだ一部と考えてよいでしょう。

国会図書館が直面した「権利処理」問題

もっとも、明治期の書籍なら許可は要らないから安心してアーカイブに入れられるかというと、そう簡単ではありません。その好例が、先に挙げた国立国会図書館の「近代デジタルライブラリー」です。

二〇〇七年に文化審議会で国会図書館が報告した内容によれば、ライブラリーに収録するかどうか候補になった明治期の書籍は、十六万冊弱だったそうです。そのすべてが、著者の死後五十年以上経過していて、保護期間が切れていれば問題ありません。

ところが、実際には没年を調べるのに苦労したのです。

さまざまな資料にあたって調べ、それでも没年がわからない著者が実に全体の七割、約五万二千名もいたそうです。残り三割の著者については没年が判明したところ、たいていの方はかなり前に亡くなっていて、保護期間は終わっていました。

しかし、なかには長生きされた方がいて、いや長生きで大変おめでたいのですが、没年が判明した三割の方のうち、その約四%の著者については保護期間が切れていなかったそうです。比率としては低い。しかしこうして現に保護期間がつづいている例もあるのだから、没年不明の七割のなかにも、まだ保護期間が切れていない方が同じ程度にはいるでしょう。よって、没年不明だからといって勝手にアーカイブ化もできません。

勝手にできないといっても、没年もわからないほどの方ですから、相続人の連絡先などもちろんわかりません。許可のとりようがないのです。こうした場合には、「文化庁長官の裁定制度」という最後の手段があり、国会図書館はこの手続を利用しました。どんな制度かというと、相続人を探し出す努力を尽くしてそれでも見つからない場合に、文化庁に申請すると利用の許可を出してくれるのです。国会図書館は、近代デジタルライブラリー収録についてこの「裁定」による許可を得ました。

ただし、全部の著者が対象ではありません。没年不明などの五万二千名強の方のうち、およそ四分の三について文化庁長官の裁定をとりました。残りの方々はどうしたかというと、ほとんどが外国人の著作者で、ライブラリーへの収録は断念しています。（連絡がついて許諾のとれた権利者は二六四名。）

国会図書館では、この著作者の没年調査と連絡先調査までに総期間二十八ヶ月、総経費二億六千万円を費したそうです。没年不明の方などの連絡先調査（大部分は「連絡がとれない」ことの確認）だけで、ひとりあたり平均二千三百円を要しました。

これですら、国会図書館は何万冊も一度におこなったからスケールメリットが相当あったはずです。仮に一冊だけ抜き出して、個人が同じ調査をおこない「裁定」を受けようとしたら、おそらく一冊あたりでは比較にならないほど手間もコストもかかるでしょう。

ちなみに、ここまで調査を尽くした結果、文化庁長官の「裁定」を得た書籍のうち、仮に今後、保護期間がつづいていることが判明して、かつ権利者が現れたものがあるとしましょう。その場合に支払われる補償金として裁定で定められた額は、一冊五十一円です。

国会図書館が直面した問題は、同時に現代の著作権が直面する最大の課題でもあります。およそ成功しない連絡先調査のためにひとり二千三百円を要し、万一現れた権利者には一冊五十一円が支払われる状況を前に、「何とかならないのか」と感ずるのは筆者だけではないでしょう。アーカイブのようにそもそも非営利だったり、一作あたりの利益率が高くない事業のために大量の作品を利用しようとすると、権利処理はひときわ大きな課題となるのです。

二〇〇九年、この権利処理の問題を思いもかけない方法で乗り越えようとしたのが、次に紹介する「グーグルブック検索」です。

「全世界電子図書館化」―グーグルの挑戦状

二〇〇四年、規模でいえば当時の国立国会図書館をはるかに凌《しの》ぐ書籍アーカイブの計画が立ち上がりました。検索エンジンの世界最大手「グーグル」が、世界中にある膨大な書籍の全文データベース化に着手したのです。「グーグルブック検索」という名称で、古今のあらゆる書籍の全文をサーバーに蓄積しておいて、誰でもその内容を全文検索できるようにしようというのです。

検索したうえで、保護期間が切れていたり必要な許諾を受けた書籍ならば全文が、そうでない書籍については書誌情報や本文からの抜粋などが表示されます。データベース化のためにグーグルは、ニューヨーク公共図書館など主要な図書館と提携して蔵書を提供してもらい、大量にスキャンを開始しました。日本からも慶應義塾大学メディアセンターが加わりました。その数は本書執筆時点で実に一千万冊とされます。国会図書館の所蔵全図書（新聞・雑誌など除く）が約九百三十万冊ですから、たった五年でそれを上回るデータが蓄積されたことになります。

これに黙っていられなかったのは米国作家協会と全米出版社協会で、グーグルのスキャン行為自体が（ビジネス目的での複製なので）著作権侵害だと主張して、「クラスアクション」と呼ばれる集団訴訟を米国で起こしました。グーグルは、スキャン行為は、本書でも後に紹介するフェアユース（公正使用）だと反論。法廷闘争の末、二〇〇八年十月、両者の和解案が公表されました。そして世界は、この和解案の内容に驚愕《きょうがく》することになります。

驚くことにこの訴訟と和解には、日本を含む世界中の作家や漫画家、出版社などの権利者もほとんどすべてが当事者として含まれていました。二〇〇九年九月四日までに脱退手続をとらない当事者は、自動的に全員がこの和解条件に拘束される、というのです。なぜ、そんなことが可能になったのかを説明する前に、果たして公表された和解条件はどんな内容だったのでしょうか。

まず、和解の対象となるのは、二〇〇九年一月以前に出版／頒布された書籍と、イラストなどの挿入物です。ただし、新聞・雑誌は除かれます。注意を要するのは米国内での出版物には限定されていないことで、つまり世界中の国の過去の刊行物がすべて対象とされたのです。

著者、遺族、出版社が期限までに脱退通知をおこなわなかった書籍については、裁判所の正式承認を条件に、グーグルは将来もディジタル化を継続し、全文配信を含むさまざまなオンラインサービスの提供がおこなえます。

ただし、権利者への配慮として、米国で刊行中・市販中の書籍は、当初は全文配信からは除かれていて、権利者の通知で作品ごとに追加できるかたちでした。逆に、絶版や米国で市販されていない書籍は原則として全文配信が可能で、権利者の通知で取り下げ可、とされていました。基本的に使用から得られた収入の六三％が権利者側に支払われます。米国での訴訟の和解ですから、当然ながら和解で可能となるのは米国内でのオンライン配信だけとされました。

和解案に対するＥＵ諸国や権利者団体の反応は激烈で、日本でも少し遅れましたが抗議声明を出す団体、対応に苦慮する関係者など大きな波紋を巻き起こしました。

世界を震撼させたグーグル和解案。それを可能にしたのは、一部の者が共通点をもつ多数の者を代表して訴訟を起こし、訴訟の結果は利害関係者全体に及ぶという米国「クラスアクション」（集団訴訟）の制度です。

グーグルブック検索の潜在的利害関係者は、全世界に千万の単位で存在するでしょう。その人々が自分でも気づかないうちにクラスアクションの当事者となり、和解が正式承認されればグーグルは、一千万人以上の人々から書籍配信のライセンスを一挙に取得するのと同じ結果となります。

個々の権利者から許可を得る通常の方法では、こんな数の配信ライセンスは到底得られません。加えて、国会図書館のプロジェクトでも明らかになったように、世界中には権利者が不明な作品、いわゆる「孤児著作物《オーファンワークス》」が膨大に存在します。これらの書籍については権利者からの「和解離脱」や「配信停止」の通知はまず来ませんから、グーグルは膨大な「孤児著作物」の書籍を配信できます。ところが、他のネット事業者は、権利者不明の作品については配信許可を得る方法がありません。そのため「孤児著作物」については、グーグルがネット配信を事実上独占できる可能性があります。

こうした流れに危機感を募らせた、電子書籍ビジネスでのライバルといえるアマゾンやマイクロソフトも、グーグル和解には強く反発することになりました。米国司法省や著作権局まで懸念を示したため、遂に原告らとグーグルは和解内容を見直し、アメリカ、イギリスなど英語圏の書籍だけに対象を絞ると発表しました。

本書の執筆時点でグーグル和解のゆくえは不透明ですが、日本など非英語圏の国々との関係は薄れるのかもしれません。しかし、これらの国々にとっても、書籍のディジタルアーカイブ、ひいては新刊本を含めた電子出版にどう取り組むのかという本来の課題は突き付けられたままです。グーグルに限らず、仮に米国で書籍の大規模なディジタル配信ビジネスが軌道に乗れば、かつてアップル社のｉＴｕｎｅｓが世界の音楽配信マーケットを席巻したように、遠からずそれは世界中に波及するでしょう。

ＥＵでは「Ｅｕｒｏｐｅａｎａ《ユーロピアーナ》」という巨大電子図書館が立ち上がり、さらに現在四六〇万点の収蔵数を二〇一〇年までに倍増させると発表しています。その意味で、グーグル和解に対するＥＵの激烈な反発には、文化のディジタル・アーカイブを米国の一私企業に握られることへの、主導権争いの面があったといえるでしょう。

日本の国会図書館も、「近代デジタルライブラリー」をはるかに上回る規模の蔵書の追加ディジタル化計画を発表しました。長尾真館長（元京大総長）はさらに私案として、著者・出版社への対価還元をともなう、野心的な「電子図書館」構想も述べています。グーグル和解でも示されたことですが、ディジタル・アーカイブが権利者に対価還元できるなら、それは前述した「正規配信」ビジネスの動きと完全に結びつきます。

放送番組のアーカイヴィング―ＮＨＫアーカイブス

次は映像作品のアーカイブの話です。映像といっても色々ありますから、まずは放送番組を見てみましょう。わが国で放送番組ライブラリーといえば、最初に思い浮かぶのはやはり「NHKアーカイブス」です。

ライブラリーは埼玉県川口市にありますが、ここにVTRテープなどの形で物理的に保存されているNHKの番組数は、ニュースを除き、TVとラジオを含めて五十七万五千番組だそうです(二〇〇九年現在)。大変な数です。実は、それでも現存しない番組は多いそうです。放送局は、昔はあまり再放送など考えなかったために、テープを使いまわしていたからです。放送が終わった番組のマスターテープに上書きして別な番組を収録したのだそうです。

これによって消えた番組には、筆者たち兄弟が幼い頃心躍らせたドラマ、若き日の平賀源内を描いた『天下御免』も含まれています。「なんともったいない」と思っていたら、主演の山口崇《たかし》さんが個人的にTV画面を八ミリカメラで撮影した映像が一部だけ残っていて、NHKアーカイブスに保存されているそうです。

もっとも、テープの使いまわしをもったいないと思うのは後知恵で、テープが高価だった当時の判断としては当然だったのかもしれません。本当にもったいない話は、これからです。

さて、この宝の山の五十七万番組以上ですが、ＮＨＫアーカイブス開館から六年経った二〇〇九年の時点で、公開できるのは一％強の約六千五百番組だけだそうです。理由は、想像どおり著作権などの権利処理です。アーカイブで公開するには権利処理が必要であり、特に映像作品は書籍よりも権利者がずっと多いのが普通ですから（→55頁）、大変なのです。

ＮＨＫでは番組について、専従要員チームが権利処理にあたっていて、年間千本ほどを処理するのがやっとと聞きました。それですら、事情のわかる自局の番組で、しかも国会図書館と同様に大量処理のスケールメリットがあるから、一日あたり三番組もおこなえたのでしょう。

もちろん権利処理が不可能な番組も多く、作品を公開できない理由で一番多いのは肖像権やプライバシーなどですが、著作権使用料で交渉が難航したケースも少なくないそうです。特に何らかの団体が窓口になっていない著作者や出演者の場合、大変だったようです。

六年で一％を処理。このペースで順調にいけば、六百年後には全部の番組が公開できるのでしょう。

違いました。映像作品は、旧著作権法というものが関連するため、権利の保護期間を確定するのが書籍より格段に難しいのですが、それでもあと七、八十年もすれば、さすがに現在ある放送番組の保護期間は全部切れそうです。もっとも、保護期間がこれ以上延びなければと仮定すればですが。そのときやっとＮＨＫアーカイブスは国会図書館「近代デジタルライブラリー」と同じ地点に立って、同じような確認作業をすれば全作品が公開にこぎつけられるでしょう。

必ずしもすべての放送番組が公開されるべきかは異論もあるでしょうが、残念な話ではあります。

映画のアーカイヴィング──東京国立近代美術館フィルムセンター

ところが、当の映像フィルムやテープは八十年も待ってくれないかもしれません。次は映画のアーカイブの話です。この分野で代表的な存在は、東京国立近代美術館のフィルムセンター（京橋ほか）です。

最初にお断りしておくと、ここにはまだ一般向けの公開アーカイブはありません。企業や大学などから依頼があれば映像資料の貸し出しもするそうですが、個人が普通に訪れても所蔵されている映像を見ることはできません。

フィルムセンターでは、「原版（フィルムなど）の収集、保存、紹介」という従来からのフィルム・アーカイヴィングを柱に、さらに①作品情報のデータベース構築、②所蔵フィルムのディジタル変換、③所蔵フィルムのディジタル復元をおこなっています。

このディジタル復元のお話をしましょう。

ハリウッド映画の『オズの魔法使』はご存じですね。一九三九年製作の、竜巻で家ごと魔法の国に飛ばされてしまった少女ドロシーの冒険を描く物語で、主演のジュディ・ガーランドが歌った『虹の彼方に』はあまりに有名です。未だに人気作品で、たいていのDVDショップやレンタル店には置いてあるのではないでしょうか。本書執筆の前にもBSチャンネルで放送されていましたが、久しぶりに見て、息を呑《の》みました。

映像の美しさにです。

もともとハリウッドで大規模予算をかけて作られた映像ですが、おそらくハイビジョン・リマスターだったのでしょう。我が家のＤＶＤよりさらに一段美しく、去年製作された映画だと言われても、知らない人なら誰も疑わないだろうと思うほどの映像でした。そこでは、永遠に十六歳のジュディ・ガーランドが、虹の向こうに思いをはせて歌っていました。

日本映画の悲劇

ほとんど同じ時期に、これと対照的な状態の作品を見ました。伊丹万作《いたみまんさく》という映画監督をご存じでしょうか。『マルサの女』などを撮った故伊丹十三《じゅうぞう》監督のお父さんで、戦前の日本映画を代表する監督のひとりです。この方の作品に、片岡千恵蔵が主演した『赤西蠣太《かきた》』という一九三六年の映画があります。志賀直哉原作で、伊丹映画のなかでも指折りの傑作と評価されています。

江戸時代、仙台伊達《だて》藩のお家騒動が舞台です。お家乗っ取りをたくらむ家老一派の動向をさぐるため、ある侍（片岡千恵蔵）が「赤西蠣太」と名乗り、身分を偽って城内にもぐり込みます。この男、一本気でなんとも憎めない性格ですが、ゲジゲジ眉毛の吹き出したくなるような顔。謀反の証拠を摑《つか》んだので、城を抜け出してそれをしかるべき筋に届け出ようと思いますが、急にいなくなって怪しまれ、追っ手が放たれては元も子もない。何とか急に消えても怪しまれない方法はないかと思案した挙句に、「小波《さざなみ》」という城一番の美女（毛利峯子）に恋文を届けることにします。この小波が本当にかわいい。城一番の醜男《ぶおとこ》が恋文を届ければ、おもしろがって蠣太を城中の笑いものにするだろう。そうしたら「恥ずかしい」と言って逐電してしまえば、誰にも怪しまれない。こう考えた蠣太は恋文を送ります。

が、なぜかまったく騒ぎにならない。おかしいと思っていると、数日経って、小波から返書が来ます。くるくると手紙をほどいて読みはじめた蠣太の顔色がさーっと青くなる。なんとOKの返事です。小波は、実直な蠣太を前から好ましく思っていて、恋文に長い返事を書いていた。思いが切々とつづってある手紙。いいシーンです。しかし困ったのは蠣太。うれしい。でも、これでは任務を全うできない。さあ、醜男と美女の恋の行方は……という映画です。

戦前映画屈指の快作。ところが、現在DVDは発売されていません。VHSビデオも絶版です。筆者は、大きなレンタル店で古いＶＨＳを借りてやっと見ました。冒頭は雨のシーンです。次は室内シーンですが、そこでも雨が降っています。城のなかも、お日様の下で釣りをするシーンもなぜか土砂降りです。

雨に見えたのは、元になった映像フィルム上の傷でした。それから、ぼけ・ちらつき・ガタつき。音は、日本の古い映画はどれも決してよくないものの、これは飛び切り悪い。それでも、五分もしないうちに話に引き込まれてしまいましたが、本当に作品がかわいそうになるような原版状態でした。

『赤西蠣太』だけが例外ではありません。同じ伊丹万作の『国士無双』（一九三二年）や伊藤大輔《だいすけ》監督の『忠次旅日記』（一九二七年）など、戦前の映画黄金期を彩る名匠の代表作が、ＶＨＳすら絶版で見つからなかったり、そもそもフィルムが散逸している。ときおり催される名画座での上映や自主上映会などが、唯一の鑑賞機会です。上映会の多くは、ボランティアに支えられるような規模のものです。

戦前映画の最高傑作と呼ばれるのは、稲垣浩監督・阪東妻三郎（バンツマ）主演の『無法松の一生』（一九四三年）か、二十八歳で戦病死した山中貞雄監督の『人情紙風船』（一九三七年）でしょうか。『無法松』はDVDがやや高値で販売されていますが、映像原版の状態は決してよくありません。『人情紙風船』はやはり入手困難でしたが、保護期間が切れたとされて一時廉価版で売り出されました。それによって、かろうじて私たちはこの傑作との接点を回復することができました。

日本の古い名作映画の保存、修復は決定的に遅れています。もちろんフィルムセンターは映画会社の協力を得て努力をつづけていますが、人手も資金も限られ、また、たとえ保存修復したところで一般公開は多くありません。そして、その間にも、ただでさえ状態の悪いフィルムは、カビと腐食の脅威に晒《さら》されています。「ビネガー・シンドローム」と呼ばれる伝染性のある劣化現象が、刻々とフィルムを蝕《むしば》んでいきます。

保存修復される前にフィルムが決定的に劣化し、もはや社会がその映像を見ることができなくなれば、これこそが作品の「死」です。作品の死は、著作権の保護期間が終わることではなく、滅失し、人々から忘れ去られることなのです。

こうした映像の収集・保存・復元の前に立ちはだかるのは、「ヒト」「カネ」「ノウハウ」、そしてまたも「著作権」です。ＦＩＡＦ（国際フィルム・アーカイブ連盟）の二〇〇七年度国際会議のテーマは、「著作権とフェアユース」でした。

フィルムセンターでは現在、ディジタル複製・復元の対象としているのは著作権の切れた作品だけだそうですが、それでも原版の提供などの協力を得るために、映画会社など旧権利者の同意を得て進めているそうです。それらが容易な作業でないことは、外部にいても想像できます。

それでも、都会に住む筆者のような人間には救いもあります。名画座があり、（まれにニュープリントで）こうした名画や上映機会の少ない作品を公開してくれるからです。しかし、こうした名画座の多くは経営難に直面しています。

なかには、弁護士の内藤篤さんが私財を投じて開館した「シネマヴェーラ渋谷」や小学館による「神保町シアター」のように、新たにオープンして観客の支持を得る例外もあります。しかし、「銀座並木座」「大井武蔵野館」といった名門が廃館に追い込まれるなど、大勢《たいせい》では名画座もまた危機に瀕《ひん》しています。

「文化資源」を生かすために

このほかにも、音楽のジャンルでのSP盤及び原盤の音源アーカイブ事業など、アーカイヴィングはさまざまな方面で試みられています。

「保護期間延長問題」でご紹介したとおり、多くの作品は短期間で商業ベースでの採算性を失い、広く流通しつづける作品は全体のほんの一握りです。しかし、残された大多数の作品にも幾多の傑作、価値ある作品が含まれていて、まさに貴重な「文化資源」と言うべきものです。それらの作品にとっては、主に非営利のアーカイブ活動や草の根の紹介活動が頼りです。紹介をきっかけに新たなビジネスチャンスが生まれることもあるでしょう。しかし、多くのケースで権利処理が障害として立ちはだかります。

これに対して、先に紹介した文化審議会の「保護利用小委員会」(→113頁)では、アーカイブ活性化策を検討していましたが、二〇〇九年一月の最終報告で若干の提案をしています。

ひとつは「裁定制度の改善」です。「近代デジタルライブラリー」の箇所でご紹介した

ように、権利者が不明の著作物については、文化庁長官の裁定で利用できるという「裁定制度」があります。（→141頁）

従来は、お世辞にも利用しやすい制度とはいえませんでした。たとえば、不明な権利者を探すために全国紙などに広告を打つように文化庁では指導していましたが、通常の利用者にとってこれはほとんど禁止的なハードルです。

実際、二〇〇七年の時点で過去五年間の「裁定制度」の利用実績は、前述した国立国会図書館だけだったそうです。さすがに数年前、新聞広告の代わりにＣＲＩＣ（著作権情報センター）などの団体のホームページで告知するのでもよいことになり、二〇〇九年には若干の法改正もされたのですが、運用面での改善をさらにつづけることが必要でしょう。もっとも、裁定制度の改善策だけでは、多くのアーカイブ事業はさほど進まないかもしれません。

裁定制度は本来的に、権利者を探す努力を尽くして、それでも不明な場合だけをカバーする制度です。たとえば権利者が十人わかっていて、そのうちひとりでも反対している場合には働きません。またアーカイブのように往々にして低予算の事業では、「探す努力を尽くしてそれでも不明」という条件自体が、どこまでいっても難しい気がします。

内閣の「知的財産推進計画２００９」でも、各ジャンルでのアーカイブ化の促進は掲げられています。歴史のなかで、図書館、博物館、美術館、そして在野の研究者たちが連綿とつづけてきた作品の収集と紹介。アーカイブの整備は地道な作業ですが、深く豊かな文化の基盤を築くうえでその重要性ははかりしれません。

第六章　変容する著作権

―リフォーム論、ＤＲＭ、パブリック・ライセンス

テクノロジーや表現と著作権との衝突

ここまで著作権をめぐるさまざまな動きを紹介してきました。まず、ディジタル化やネットワーク化のなかで、作品の私的な流通や複製が拡大する話。いわば、作品という情報の波及や活用という、「知の利用」。次に、カヴァーやパロディといった多次的創作の話。いわば、作品を使った「知の再創造」。それから、アーカイヴィングという「知の集積」。こうした知の利用、集積、再創造をはかるうえで、往々にして著作権の課題が浮上します。

その背景としては、文化産業の巨大化があり、ネットワーク化やマルチユースの常態化といった技術・メディアの発展がありました。それから、複合的・多次的な作品が増加して、多数の権利者が関与するケースが増えたこと、多くのユーザーが同時に情報の送り手ともなり著作権が身近になったこと、法律を意識して、それに従って社会の営みがおこなわれる「社会の法化」が進んだこと、これらに伴って、創作者側でも利用者側でも権利意識が強まったことが挙げられます。

こうした背景があって、新たな表現やビジネスと著作権との衝突が目立つようになり、権利処理はむしろ困難さを増しています。そこで、「作品を広く流通させつつ、著作権とどう共存するか、言いかえれば創作者にどう利益を還元するか」などの問題意識から、世界的に「著作権リフォーム論」が叫ばれるようになりました。

第一の方向性──著作権リフォーム論

現在、著作権制度は三つの側面での変化に直面しているといわれます。そのうち、もっともストレートに著作権制度自体を変えようというのが、「リフォーム論」です。

では、どんなリフォームが提案されているかというと、実に百家争鳴状態です。なかには、かなり「?」と感じる提案から、広い支持を集めているものまでありますが、ここでは大規模なリフォームの代表例をご紹介しましょう。

リフォーム論①──作品登録制

その第一は「登録制」です。現在、著作権は創作さえすれば世界中どこでも自動的に守られます。「著作権登録」というしくみは日本にも一応ありますが、これは著作権の譲渡などを受けたときに登録しておけば、万一「二重譲渡」があった際に優先されるといった、限定的な役割のものです。著作権の保護自体は、現在は登録しなくても自動的に与えられますが、リフォーム論のいう「登録制」はこれを部分的にでも変えようという試みです。ここでは「作品登録制」と呼ぶことにしましょう。

特許や商標など、実はほかの知的財産権はたいてい登録制なのですね。むしろ著作権が例外です。

というのは、著作物は日常どんどん生まれます。写真家は、一日に数百枚の写真を撮影するかもしれませんが、その全部が独立の著作物です。短歌・俳句やイラストもそうです。なかには半世紀をかけて『死靈《しれい》』という一本の小説を書き続け、書き上がる前に亡くなった埴谷雄高《はにやゆたか》のような作家もいる一方で、毎日大量に創作される著作物もある。その全部についていちいち登録手続を求めたり、特許や商標のような審査をおこなうのは、まず無理です。そのため、登録は要しない制度をとってきました。

ところが、これが権利処理のネックなのです。登録されていれば、その登録情報を見れば権利者の連絡先はわかります。しかし、著作権は登録が必要ないから連絡方法がわからない。権利者を探す作業、つまり以下で説明する「サーチコスト」が生まれるのです。

さて、「著作権が利用の障害になる」といわれる際には、多くのケースでは、権利処理にコストがかかることを指しています。「コスト」といっても金銭だけではなく、時間や労力などもここではコストと呼びます。こうした権利処理コストは、大きくふたつに分けられます。

(1)ひとつはもちろん、許可をもらう代償に権利者に支払う対価をいいます。つまり「使用料」や「印税」と呼ばれるものです。

(2)もうひとつは、許可をもらうための作業のコストで、よく「取引コスト」（トランザクションコスト）といいますが、支払う対価以外のコストを指します。

後者はさらに、①権利者を探すまでのサーチコスト、②権利者と交渉して許可をもらうまでの交渉コスト（契約交渉の苦労もここに入ります）、③権利者が対価を受け取るまでの徴収分配コスト、の三つに分けられます。

許諾というと、支払う「対価」のことがつい念頭に浮かぶのですが、国立国会図書館のエピソード（↓１４０頁）で明らかになったように、現実にはこの「取引コスト」がかなりの部分を占めます。「取引コスト」は権利者には渡らない支出ですから、この部分が大きいことは誰のためにもならないばかりか、むしろ権利者に支払う「対価」を圧迫してしまいかねません。

作品登録制は、著作物にも登録を必要とすることで、少なくともこのうちのサーチコストをなくそうというものです。

「作品登録制」の試み――義務的登録制

作品登録制の提案は、さらにふたつの方向に分かれます。ひとつは、登録しないと権利がそもそも発生しない特許や商標と同じ登録制で、ここでは「義務的登録制」と呼びましょう。いわば強い登録制です。

「義務的登録制」にすれば、効果は絶大です。とにかく登録していない作品には権利はないのですから、利用者からすれば登録された作品の処理だけを考えればよく、権利者を探し出すのは簡単になります。つまり、サーチコストが下がる。

しかし、それ以上に権利者・利用者双方に決定的な影響があります。

仮に義務的登録制がとられた場合、皆さんは、たとえばブログや投稿ハガキの内容、まして『東京アウトサイダーズ』事件のようなスナップ写真について、自分がわざわざ作品登録をすると思いますか。登録は、現在は若干手間と費用（移転登録の場合、一件一万八千円の印紙代など）がかかります。仮に、今後手続を簡略化するとしても、やはりある程度は面倒なものですから、一部のプロを除いて作品を登録する方は少数派でしょう。そのため、権利のある著作物の総数がおそらく激減するのです。このことは、特許や商標を見ればわかります。

著作物は俳句、メールからケータイ写真に至るまで広く含みます。仮に、日本人ひとりあたり平均一日ひとつは生み出すと仮定すると、日本だけでも年間数百億の著作物が生まれることになります。日本で守られる海外の著作物までカウントすれば、年間一兆を超えるかもしれません。登録制をとっている特許はどうか。二〇〇五年に日本全体で新たに登録された特許は（外国人のものを含めて）十二万件強だそうです。先ほどの著作物の数と比べれば一千万分の一です。

特許まではいかないにせよ、義務的登録制にしたら権利のある著作物の数はかなり減るはずです。利用者からすれば、著作権を考慮しなければならない作品が激減するし、創作者からすれば、登録の手間をかけないと権利が守られない事態になるのです。それでいいのか、という大きな論争が起こるでしょう。

さらに、国際条約上の障害があります。著作権に関する基本的な国際条約はベルヌ条約と言い、世界のほとんどの国が加盟しています。そのベルヌ条約のもっとも基本的なルールは「無方式主義」と呼ばれ、「何らの方式も要求せず、著作者に排他的許諾権を与えること」という原則なのです。

つまり、権利の前提として登録などの手続を要求してはいけませんから、義務的登録制は正面からこれとぶつかります。しかも、このベルヌ条約は現在、WTO（世界貿易機関）の付属協定（TRIPs＝知的所有権の貿易関連の側面に関する協定）に取り込まれているかたちなので、ベルヌ条約の規定に反しようと思えば、WTOを脱退する必要がありそうです。

海外の作品は今までどおりに保護して、日本人の作品だけを登録制にするならば条約違反ではないかもしれませんが、この点が義務的登録制の最大の障害に思えます。

「作品登録制」の試み―任意的登録制

作品登録制のもうひとつの方向は、登録しなくても著作権は守られるものの、登録すると何か追加的な法的メリットが与えられるかたちです。これが誘因、インセンティブになって登録が進むだろうと期待する制度で、ここでは「任意的登録制」と呼びましょう。いわば弱い作品登録制です（このほか、法的には何の効果も与えないまま登録を募るかたちも一応考えられますが、その場合は権利情報のデータベースなどと変わらないため、ここでは「作品登録制」とは呼ばないことにします）。

任意ですと、義務的登録制よりは国際条約の問題はクリアしやすいのですが、登録にどんなインセンティブを与えるかが難問です。自由意思ですから、登録してもさしたる法的メリットがないようだと、登録は集まらない。それでは制度の意味がありません。

では、インセンティブを大きくしようとして、登録すると権利が非常に強化されるような制度はどうか。たとえば、多くの著作権侵害のケースでは、実損害の金額はそれほど高くなく、数千円から数十万円といった場合がおそらく大半です。こうした小さな規模の侵害だと、訴訟を起こす手間や費用のほうが大きくなり、侵害を受けた側はなかなか訴訟を起こせないのが現状です。

そこで、登録された作品については、「侵害したら、実害の有無にかかわらず三百万円までの損害賠償金を裁判所は命じることができる」という制度はどうでしょう。アメリカでは、これと似た制度をとっています。著作権侵害の相談のなかで仕事として成り立つものが増えるから、弁護士には歓迎されるかもしれません。

いわば、登録があるから利用のための交渉をしやすい半面、無許諾で利用した場合の責任は重い社会。泣き寝入りが減って、救われる創作者は増えるでしょう。ただ、社会のあり方にもかかわる、かなり思い切った制度の転換ではあります。

リフォーム論②――報酬請求権化

こうした課題に加えて、典型的な作品登録制というものは、権利者が見つかりやすくなるだけで、見つけた後の利用許可は個別交渉で受けるものです。この点は、特許も商標も同じです。つまり、取引コストのうちのサーチコストは減るものの、交渉コストは変わらずにかかるということです。こうした交渉もしばしば大変です。

何度か例に挙げさせていただいたミッキーマウスで考えてみましょう。権利者はウォルト・ディズニー社に決まっていますから、探すまでもありません。サーチコストは大変に低い。しかし、仮に筆者が「私のブログで、ミッキーマウスに村上隆風の味付けを加えた『DOB《ドブ》ネズミくん』というキャラクターを登場させたいのですがどうでしょう」と申し入れたとしたら、許可は果たして下りるのか。

いや、こんな例は許可が下りないのも当然ですが、一般的に許諾交渉で苦労するケースが多いのは事実です。もちろん、権利者側からすれば、「それは許可することもあれば、許可しないこともあります」という立場でしょうし、ネットなどで流通させたい側は、この交渉自体を何とかできないかと考える構図です。

そこで登場するのが「報酬請求権化」という議論です。著作権は本来禁止権が本質ですね。利用を許すかどうか、自分の裁量でノーと言える権利です。これを、先に述べた「私的補償金」のようにしてしまうのです。ノーとは言えない。その代わり使われたら相応の対価が入ってくる、というかたちです。

もともと、第一章で書いたとおり、著作権の最大の機能は創作者側の収入確保だという考え方があります。これを「インセンティブ論」といいます。報酬請求権化は、金銭で報われればクリエイターの収入はある程度確保できるはずで、著作権の役割はそれでいいのだという考えです（このインセンティブ論は、創作者の名誉や人格はどうでもよいという立場では必ずしもありません。人格を守ることは別な権利、著作者人格権ではかるべきだとしばしば議論されます→127頁）。

報酬請求権化の三つの課題

なるほど、報酬請求権化の提案には一理あります。しかし、ここでも課題を指摘できそうです。

最大の課題は、先ほどご紹介した国際条約です。「何らの方式も要求せず、著作者に排他的許諾権を与えること」が、ベルヌ条約の基本ルールでした。許諾の要らない報酬請求権にすれば、やはりベルヌ条約違反になってしまいそうです。

第二の課題として、報酬請求権化すると、その対価は業界団体間の協議などで決めることが多いのですが、筆者の印象では、たいして高くならないのです。それは、乱暴にいえば「おひねり」だからです。

筆者はかつて、演劇をかじった頃に「投げ銭興行」というものを試みたことがあります。チケット代を無料にして、カーテンコールでおひねりを投げてもらったのです。果たして公演後に集計してみると、おひねりの総額は普段いただいているチケット代の半額程度でした。

このように、「支払わないと見られない」場合の対価と、「自由に見た後で適正に支払う」という場合の対価では、悲しいかな後者が低くなりがちです。報酬請求権もこれと似ていて、「利用を許可しない」という交渉材料がない場合、対価は低く抑えられてしまうのかもしれません。

第三の課題として、報酬請求権化のもとでは基本的に利用を独占できないのです。お金さえ支払えば誰でも使えますから、「作品のこの利用はわが社に独占権（独占ライセンス）があります」というかたちは一切とれません。

たとえば音楽の詞や曲は、さまざまなミュージシャンが同じ曲を演奏したり、同時に多数の放送局で曲を流す、いわゆる「非独占的」な利用が一般的です。

しかし、多くのエンタテインメント・ビジネスでは歴史的に、独占ライセンスを基礎とした産業構造をとってきました。たとえば舞台を想像してみてください。ブロードウェイで『キャッツ』が大ヒットしたとき、この作品を誰でも自由に上演できるとしたら、すぐに周辺の劇場でも『キャッツ』の上演がはじまったかもしれません。書籍はどうでしょう。ある出版社から刊行されてヒットした新作の小説が、次の月にはあちこちの出版社から刊行され、百円ショップでも売られるとしたら。DVDはどうでしょうか。いずれも、報酬請求権になれば可能です。

あるいは、それでもビジネスは成立し、かえってマーケットは広がるのかもしれません。しかし、あまりにも短期間で産業構造が変わり過ぎる気がします。その過程で既存の製作・流通システムのよい部分がどれだけ崩れて失われるか、想像できないところがあるから、多くの業界関係者は慎重意見に傾くのではないでしょうか。

そのため、報酬請求権の議論は、しばしば利用の範囲を絞って報酬請求権化しようという話になります。たとえば、二〇〇八年に「デジタル・コンテンツ法有識者フォーラム」という団体が提案して話題を集めた、「ネット法」構想があります。その柱は、①ディジタル・コンテンツについて特定の者（例・TV局）にネット流通権を与え、②その者に関係者への収益配分義務を負わせる、というものです。これは、ネット流通に限って、大部分の関係者については報酬請求権化する提案だったといえます。

リフォーム論③――日本版フェアユース

「著作権リフォーム論」の提案には、こうした「登録制」と「報酬請求権化」をアレンジしたといえるものが多いのですが、いずれもそれなりにハードルが高く、大多数の支持を集めるには至っていないのが現状です。そのなかで、本書執筆時点で導入が現実に議論されているのは「フェアユース」です。

現在の著作権法には、「私的複製」など、著作権者の許可がなくても作品を利用できる個別の例外規定（制限規定）があります。ただし、利用目的ごとにかなり厳格な条件が決められていますし、個別規定がない領域では、許可を得ない限りは作品はほぼ利用できま

現行の制限規定（著作権者の許可がなくても作品を利用できる個別の例外規定）

私的使用のための複製、図書館等における複製、引用、
教科用図書等への掲載、教育機関における複製等、
試験問題としての複製等、視聴覚障害者等のための複製等、
非営利目的の上演・上映・貸与等、政治上の演説等の利用、
事件報道のための利用、美術の著作物等の原作品所有者による展示、
公開の美術の著作物等の利用、プログラムの著作物の複製物所有者
による複製等、ネットの検索事業者による複製等　その他

せん。

「フェアユース」とは、こうした個別規定がないものでも、諸般の事情から許されてもよいような公正《フェア》な利用は、権利者の許可なくおこなえるという一般規定です。アメリカやイギリスの著作権法にある考え方です。

日本にもフェアユース的な救済規定があれば、各種の文化活動や研究活動にとっては有益だとして、導入論は以前からありました。すでに例を挙げたところでいえば、「パロディ／アプロプリエーション」や「アーカイヴィング活動」のうちの一部は、フェアユースにあたる可能性があるでしょう。

映り込み、検索エンジン

このほかによく議論されるものとして、たとえば「軽微利用や映り込み」という問題があります。映像や写真を撮りま

すね。背景にたまたま映画のポスターが映っていたり、あるいは、「ハローキティ」のTシャツを着た人が隅に映っていたらどうでしょうか。理屈からいえば、「ハローキティ」の絵柄は著作物ですし、映画ポスターもおそらく著作物です。

こうした映像や写真は他人の著作物を無断複製したことになるのか。そうであれば、雑誌に載せたりTVで放映したりできなくなりそうです。しかし、ポスターにしてもキャラクター商品にしても街中に普通に存在しているのですから、それをまったく映すなというほうが無理です。

この点については、「あまりに小さく映っているものはそもそも複製などというレベルではなく、著作権的には問題ない」との議論もあります。しかし、取り扱いがはっきりしないのは事実だから、萎縮効果が起きます。

TV局や出版社によっては、「そういうものはとにかく映さない。万一映ってしまったら、モザイクをかけるかトリミングしなさい」と指導している節《ふし》もありますが、それもどうなのでしょう。

たとえば、プライバシーを侵害するから個人の顔を大きく出さないというのは、ある程度理解できます。しかし、キャラクター商品やポスターの場合、誰のためにそんな気をつかうのか疑問です。モザイクのある映像や写真が増えるのも寂しいですし、時にはその内容の信憑性にもかかわるでしょう。この点は、権利意識が強くなるにつれて、それなりに深刻な表現の足かせになってきています。

このほか、グーグルやヤフーのようなネットの「検索エンジン」が、しばしばフェアユースの議論では取り上げられます。現代人の日常生活は、もはや検索エンジンを無視しては成り立たないほどですね。こうした検索エンジンでは、普段から「ロボット」と呼ばれるプログラムを使って、ネット上のウェブページなどの情報をコピーしています。事前に情報を集めておかなければ、私たちがキーワードを入力したときに瞬時に検索結果を表示するのは不可能でしょう。

こうしたロボットによるウェブ情報の収集（キャッシュ機能）は、厳密にいえばネット上のさまざまな著作物の複製行為です。しかし、日本には検索エンジンの収集活動を許す制限規定はありませんでした。そのため、日本では検索エンジンについて十年以上にわたって、「厳密には著作権侵害ではないのか」という疑問がついて回ったのです。

この現実と法律のずれは、二〇〇九年に著作権法が改正され、検索エンジンのキャッシュ機能を合法化する制限規定ができて、ようやく解消されました。フェアユース導入論のなかには、「いちいち個別の制限規定を改正するのでは、ビジネスやテクノロジーの変化のスピードに追いつけず、対応の遅れによって日本の国際競争力を削《そ》いでしまう。フェアユース規定があれば、新規ベンチャービジネスなどを後押しできる」という意見があります。

日本版フェアユースの導入議論

そんなことから、日本でも、従来の個別規定に加えてフェアユース規定を導入しようという意見が昨今強まっています。たとえば、二〇〇六年に筆者も委員として参加した、文化庁の「次世代ネットワーク社会における著作権制度のあり方に関する調査研究会」でも議論されましたし、本書の執筆中には、内閣の「知的財産推進計画２００８」での提言を受けて、文化審議会で導入が検討されています。

もっとも、仮にフェアユース規定が導入されても、できるのはかなり限定された利用にとどまるでしょう。アメリカでも条件はそれなりに厳しく、①非商業的・教育目的か、などの「利用目的」、②「利用される作品の性質」、③利用された部分の「質と量」といった条件に並んで、④その利用がオリジナル作品に経済的損失を与えないか、が重視されます。

フェアユース規定で何でも可能になるような論調を時折見かけますが、それは誤りです。

それでも、権利者や正規ビジネスに悪影響を及ぼさないような一定範囲の利用行為は、フェアユースとして許容される可能性が出てきます。

他方で、「アメリカのように判例の蓄積がない日本でフェアユース規定を導入したところで、どんな利用が公正《フェア》なのか、一般のユーザーや企業には判断ができないから使えない。曖昧なまま導入しても、海賊版のような悪質な利用の口実に使われるだけだ」という懸念も聞かれます。フェアユース規定が導入される場合、どういう基準をクリアした利用が認められるのか、ある程度の指針を法律で示すことも重要です。また、悪質な利用に対処するため、まだまだ一般人には垣根が高い日本の裁判を、どう身近で使いやすくしていくかという課題もあるでしょう。

ただし、本書や前著を通じてご紹介したとおり、何が許される利用で何がそうでないのか、フェアユース規定の導入にはかかわりなく、その境界線はもともと曖昧です。それが、著作権という制度の本質から生まれる、限界でもあり奥深さでもあります。法律の基本的なルールを理解しつつ、自分の頭で作品を利用する必要性とリスクを判断し、とるべきリスクはとる。情報流通のあり方が大きく変わりつつある社会では、そうした姿勢はますます大切になるように思います。

第二の方向性―権利の切り上げとしてのＤＲＭ（Digital Rights Management）

以上が著作権リフォーム論でした。「第一の方向性」と書きましたが、社会の変化や新たなニーズに対して、法制度そのものを変えることで対応していこうという方法です。いわば、もっとも正攻法の対応です。

ところが、現実にはこの法制度を変えるということが非常に難しいのが昨今の状況です。著作権法に限った話ではないのですが、著作権をめぐる利害が多様化・複雑化し、課題が増えるなかで、従来のような審議会から積み上げる法改正の方法が、必ずしもうまく働かなくなってきています。

前述したとおり、「技術の変化が速すぎて法改正のスピードが追い付かない」と指摘されることもあり、それが不測の事態に対応しやすいフェアユース導入を後押しする理由にもなっています。

第一の方向が進捗《しんちょく》しにくいなか、法律とは直接関係のないところで、著作権は切り上げと切り下げのふたつの方向に分化していくのではないかという予測があります。そう指摘したのは名和小太郎先生で、二〇〇四年に刊行された『ディジタル著作権』の中で、「三つの方向性」を予言しています。それらは「標準型（伝統的）著作権像」「強い著作権像」「弱い著作権像」と呼ばれるもので、最初のものが筆者の挙げた第一の方向性と対応します。では、あとのふたつはどう分化するのか、筆者なりに整理してみましょう。

まず「強い著作権像」とは、契約や技術でコピーや視聴などの利用行為を制限してしまう方向です。「私的補償金」の項で触れた「DRM」がその代表例です（→68頁）。

前述のとおり、DVDには、「CSS（Content Scramble System）」というプロテクションがあって、普通の方法ではコピーして視聴できません。

DRMは音楽の世界にもありますね。MD、CD-Rなどのディジタル録音再生機器には「SCMS（Serial Copy Management System）」という措置が施してあり、CDからのコピーはできるものの、コピーからのコピー行為、つまり孫コピーはできません。

二〇〇八年に緩和されましたが、それまで地上波デジタル放送とBSデジタル放送には、ディジタル録画を一回はできるけれど、そこからDVD‐Rなどにコピーはできない「コピーワンス」というDRMが施されていました。

こうしたDRMは、先に述べたように法改正が簡単に進まないなか、まして権利者の希望どおりには進まないなか、権利者側の切り札にもなり得るものです。つまり、話し合いを通じて国会で法律を通すことがあてにできないなら、技術的に不可能にするという発想です。

もちろん、どんな技術にも抜け道はあります。しかし、社会の多くの人は抜け道は使わないか、使うとしても追いつくのに時間がかかりますから、DRMには一定の効力はあるでしょう。

「強すぎるＤＲＭ」の問題点

ただし、他方でＤＲＭには危惧を感じる人も少なくありません。確かに、著作権法や審議会行政には改善を求める声もあります。それでも、まがりなりにも公開の場で審議され、国民の代表が国会で立法しているのは事実です。

ところが、ＤＲＭは権利者とメーカーなどの話し合いだけで決まり、理論的にはどんなに厳しい利用制限も採用することができます。著作権法に権利規定がなくても、制限規定があっても直接には関係ありません。事実上、ユーザーは権利者とメーカーが決めた利用しかできなくなります。

それで、第二章で紹介したとおり、「私的複製は一方的に奪ってしまえるものなのか。これはユーザー側の権利ではないのか」という議論も起きました。

現在の法律の書きぶりでは、私的複製はユーザーの権利ではなさそうです。その証拠に、著作権法には「ＤＲＭのやり過ぎはいけない」と読める規定はなく、むしろ逆に、「ＤＲＭはずしはいけない」という規定があるのです。難しい言葉で、「技術的保護手段の回避規制」や「権利管理情報の保護」という規定なのですが、たとえばコピープロテクションが施されたメディアについて、それをはずす装置やソフトウェアなどを頒布すれば違法です。そもそも、プロテクションがかかっている場合に、それを承知のうえではずしてコピーなどすれば私的複製ではない（＝複製権侵害）、という規定もあります（第三〇条第一項第二号）。

もっとも、実際の社会を見ると、そうそうＤＲＭを無限に強化することもできないようです。「コピーワンス」が利用者の反発も強く、緩和に踏み切ったのは記憶に新しいところです。むしろＤＲＭをあえて無くして音楽などを配信する、「ＤＲＭフリー」のビジネスも一定の広がりを見せています。

対ユーザーで商品の魅力を競おうと思えば、過度に厳しいＤＲＭは課しにくいということでしょうか。

第三の方向性―権利の切り下げとしてのパブリック・ライセンス

こうした「強い著作権像」に対して、名和先生が挙げるもうひとつの方向性は「弱い著作権像」。いわば「権利の切り下げ」とでも呼べるものです。創作者が自ら著作権を一部放棄して、一定の条件での利用を社会に対して認めるかたちで作品を公開する方向です。

代表格は、前述したローレンス・レッシグ教授の提唱した「クリエイティブ・コモンズ」（二〇〇一年設立）でしょう。実際には、それ以前にもやや似たしくみを提唱された方――「ⓓマーク（ディジタル創作権）」を提唱した林紘一郎教授など――がいらっしゃいますが、クリエイティブ・コモンズは短期間にネット上で広範な支持を獲得しました。

具体的には、作品を発表する際に、利用条件を示すマークを権利者が表示するのです。すると、それがいわば世間向けの許可条件になり、その条件を守る人は誰でも使ってよい。こうした方法を、世間向けのライセンスということで「パブリック・ライセンス」などといいます。

このクリエイティブ・コモンズのライセンスは、現在のバージョンでは次のマークのいずれか（もしくは許された組合せ）を選んで作品を公表します。このうち、「表示」は選択を義務付けられます。

たとえば、筆者が「表示」「非営利」「改変禁止」を選んで、自分のコラムにそのマークを表示してネット上で公表したとしましょう。すると、誰でも、筆者のコラムを自由に複

クリエイティブ・コモンズのライセンス

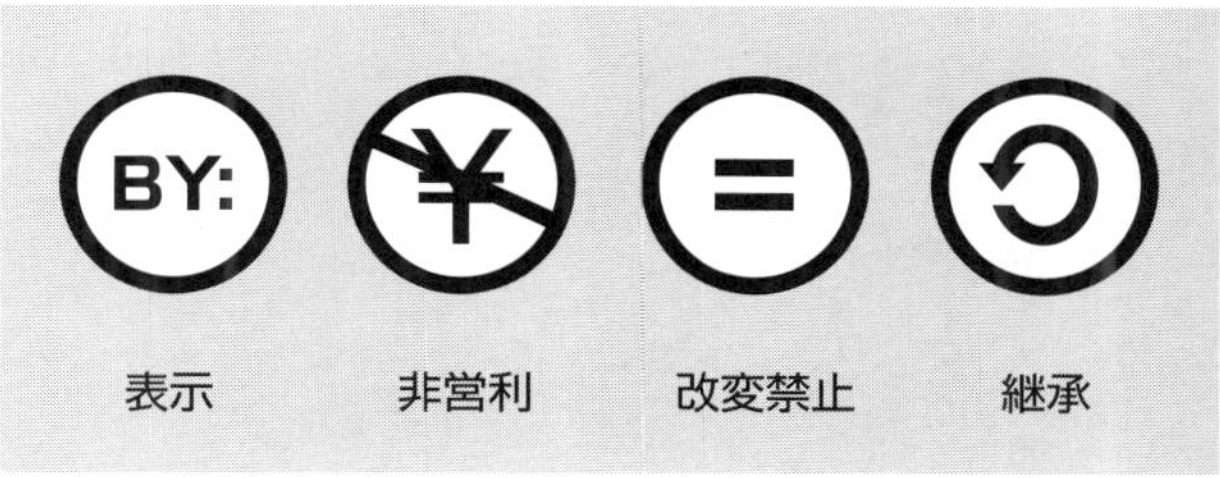

製したり公衆送信したりできます。ですから、どなたかがホームページ上に転載するのも自由です。ただし、守らなければならない条件があって、「福井健策」などのクレジットは表示する（表示）、営利目的に使ってはいけない（非営利）、そして、内容を改変してはいけない（改変禁止）わけです。

　ソフトウェアの世界では、「ＧＰＬ（GNU General Public License）」という、アメリカのフリーソフトウェア財団が発表したパブリック・ライセンスが先行していて、広く使われています。こうしたパブリック・ライセンスは作品を広めるうえではとても有益です。現在のところ、課金機能はないため対価の回収にはあまり役に立ちませんが、無償で作品を発表する方に適したライセンスといえるでしょう。

　よくいわれることですが、クリエイティブ・コモンズは著作権を否定するものではありません。むしろ著作権がないと成立しないものです。なぜならば、もしも著作権という制度がなければ、筆者がどんなマークをつけて作品を発表しようが、人々はそれにとらわれず自由に作品を使ってよいからです。たとえば、筆者がいくら「非営利」マークをつけようが、商売に使ってしまう人もいるでしょう。

著作権があるから、人々は筆者の作品を使いたければ、マークの条件を守らないといけません。そうしないと「ライセンスのない使用」として、著作権侵害になってしまうからです。こういうパブリック・ライセンスなどを「意思表示システム」とも呼ぶのですが、著作権を前提にしてその条件を一部緩和したいときなどに有効なモデルです。

パブリック・ライセンスとしての集中管理

パブリック・ライセンスといえば、実は、もっと古くから広く利用されているものがあります。意外に思われるかもしれませんが、本書でもたびたび登場する、ＪＡＳＲＡＣのような権利の集中管理です。

集中管理のしくみというのは、ひと言でいえば多くの創作者の著作権を集めて、それを規定の料金で世間の誰に対してでも利用許可する、ということです。規定料金といっても利用法によってはまちまちですが、同じ利用法なら、基本的にはあらかじめ決められた同じ料金を支払う。交渉は不要です。画一的・非差別的・そして多くの場合には非独占的に許諾をするのが特徴です。

非独占的ですので、希望した人は誰でも許可を受けられますから、たとえば「この曲はうちの会社だけがCDにします」とか「うちのTV局だけで放映します」ということはできません。音楽ジャンルではよく見られるものの、書籍や商業演劇では必ずしもおこなわれてこなかったビジネスの方法です（→174頁）。『おふくろさん』騒動でご紹介したとおり、こうした集中管理をおこなうJASRACや日本脚本家連盟などの団体を「著作権等管理事業者」といいます。「著作権等管理事業法」という法律があり、管理事業者は、作品利用の申込があったら原則として断ってはいけないことになっています（応諾義務）。ですから先ほど書いたとおり、非差別的な許可が原則になるのです。

誰でも決められた条件で利用できるという意味では、集中管理を有償のパブリック・ライセンスの一種と呼ぶこともできるでしょう。

集中管理への期待

この集中管理は、しばしば広い意味での「著作権リフォーム」の議論にも登場します。権利処理の困難さという問題の解決策として一番現実的なのは集中管理と、（その前提となる）権利情報データベースの充実だ、という指摘です。

再びJASRACを例にとれば、多くの曲はJASRACが管理していますから、権利者を探すための「サーチコスト」がかかりません。JASRACのホームページには「J－WID」というデータベースがあって、そこに曲名を入れればJASRACが管理しているのか、どういう利用まで管理しているのか一目でわかるようになっています。

また、許可を得るための「交渉コスト」もほとんどかかりません。たとえば「今から一時間以内にある作品を使うための権利処理をしてくれ」と依頼されて、確実にできるのは音楽の分野くらいです。その曲をJASRACやその他の管理事業者が管理していることを確認して、決められた申請書を提出すれば、原則としてそれでやるべきことは済んでしまうからです。かなりの利用について、オンライン申請が可能です。

これが集中管理のないジャンルだと、大変です。たとえば筆者が、五十年ほど前に出版された絵本の挿絵が非常に気に入って、実家のお菓子屋の包装紙に使いたいと思ったとしましょう。まず挿絵画家の方の住所を調べます。運がよければ出版社が手伝ってくれるかもしれません。調べたら、ご本人はすでに亡くなっていた。そこで相続人の方の連絡先を調べたところ、孫まで入れて七人いらっしゃった。

本来は、絵の利用には相続人全員の許可が必要ですが、とても現実的ではないので、ありがちなところでご長男に連絡をとることにする。電話で急にお願いするのも不躾《ぶしつけ》なので、菓子折りを提げて出かけていく。お住まいが瀬戸内の離島だった。一泊で出かけていって、「お菓子の包装紙はちょっと……」と断られてしまうかもしれません。「正月に親族が集まったときに相談しておきます」と前向きなお返事をいただけるかもしれません。

これは極端な例ですが、集中管理や権利情報データベースは、各種の著作権問題にとってひとつの処方箋《しょほうせん》には違いありません。誤解のないようにいえば、集中管理自体には著作権法の改正は不要です。任意のビジネスとして、今でもある程度存在しているのだから、それがさらに普及していけばよいという話です。

ただ、放っておいたら音楽以外のジャンルでは普及率は一定水準にとどまったという過去がありますから、何か促進策が必要だとされて、公共政策の一環として議論されることが少なくありません。特に、人気のある作家や作品にこだわらずに管理作品数を大幅に充実させようとすると、果たして増大した運営コストをまかなうほどの手数料収入を得られるかという課題があります。

内閣の「知的財産推進計画２００９」でも、権利情報データベースの充実と集中管理の促進は謳われています。現在、音楽や映像などさまざまな分野で、特に作品の二次流通を中心に多くの取り組みや構想が発表されています。

このように、著作権の集中管理は、「課金システムをもったパブリック・ライセンス」ともいえます。今後、それがクリエイティブ・コモンズのような「集中管理ではないパブリック・ライセンス」と、どう棲み分けや競争をしていくのか。そこにも新たな可能性がありそうです。

第七章　擬似著作権と情報の「囲い込み」

増える擬似著作権

ここまでは、知の利用や集積や再創造の場面で著作権がどんな問題と直面してきたか、あるいは著作権のあるべき姿をめぐってどんな議論や実践がされているか、を見てきました。いわば、著作権の「内側」の議論をしてきたわけです。

ところで、本書冒頭で述べたとおり、著作権とは広い意味で情報の独占制度です。ですから、これまでの話は、社会にある無数の情報のなかから「著作物として切り取られた情報」について、どの範囲で独占を認めるか、それをめぐってどんな問題が起きているか、という議論だったともいえます。

この章では著作権の「外側」の話をします。内側の議論をしているあいだに、実は著作物ではない情報の「囲い込み」といえる事態が着々と進行しているという話題です。日本ではまだそれほどまとまったかたちでは議論されていませんが、問題としては以前からあります。ここでは、「擬似著作権」と名づけましょう。

つまり、理論的には著作権ではないのだけれど、社会では事実上、著作権に近いような扱いを受けている（受けかねない）ケースです。といっても、すでに紹介した著作隣接権のように、法的根拠がしっかりあるケースとは違います。むしろ法的根拠はまったくないか、せいぜいが非常に怪しいもので、根拠がないにもかかわらずまるで法的権利があるように扱われているケースをいいます（擬似「肖像権」や擬似「商標権」もあるので、あるいは「擬似知的財産権」という呼び方のほうが、実態に近いかもしれません）。

「肖像権」「パブリシティ権」とは何か

たとえば「ペットの肖像権」です。

前提として、そもそも「肖像権」とは何でしょうか。この十年ほどで特に注目度の上がった権利で、要するに「私に無断で私の写真を撮ったり公表したりしないでください」というものです。

これは無論、著作権ではありません。人の顔は著作物ではないからです。米国ではプライバシーの一環として発展した権利で、そのため日本でも「肖像プライバシー権」と呼ばれることがあります。

日本でプライバシーの一環として肖像権を認めた例には、「フォーカス人違い撮影事件」という、名前を聞くだけで「それはちょっとマズイ」と言いたくなる一九八七年の事件があります。確かに、人違いで別人を撮影して写真週刊誌に大きく載せては、よくありません。こうした肖像権も、著作権と並んでしばしばメディアをにぎわす、むしろメディア報道のあり方を根本的に変えた権利とさえいえます。

肖像権をプライバシーの一環と考えるならば、芸能人が公的な場に出演しているような場合、たとえば超人気アイドルが満員の東京ドームで派手にパフォーマンスしているときには、肖像権が認められるかは微妙です。そのステージを客席でファンのひとりがケータイで撮って、ブログに写真を載せたとしましょう。超人気アイドルのプライバシーは、侵害されたでしょうか。彼/彼女らは見てもらうためにステージ上に出てきていますから、少なくとも私たちが通常イメージする意味での「プライバシー侵害」はなさそうです。

では、この写真を生写真として東京ドームの前で売っていたらどうでしょう。もっと進んで、仮にマクドナルドの広告に木村拓哉の写真が勝手に使われて、フキダシで「I'm lovin' it®」なんて言っていたらどうですか。

なんだか、よくない気がします。プライバシーは侵害されていないかもしれないけれど、なんだかポスターに使われたら困る気がする。

なぜでしょうか。

それが彼らの収入源だからです。芸能人は何で収入を得るかといえば、人気タレントならTV番組の出演料も高額ですが、広告出演料が大きい。SMAPならば、一年間の出演で、――「一年間」といっても、撮影自体は数日、そのCMやポスターの掲出・露出期間が一年です――ほぼメンバーひとりあたりの出演料が八千万円から一億円くらいと報道されています。

それに比べると、映画は拘束時間からすれば安いし、舞台などはさらに低額なのが一般的でしょう。つまり、映画やドラマで知名度を上げて、広告出演で大きく稼ぐ。これがひとつのビジネスモデルです。

このように、いわゆるプライバシーとは異なるところで、「芸能人やプロスポーツ選手の名前や写真を勝手に広告などで商業利用されたら困るだろう」という視点から、違う種類の氏名や肖像の権利がやはり米国発で登場しました。これを、一般人に広く認められる伝統的な「肖像権」と区別して、「肖像パブリシティ権」とか、単に「パブリシティ権」と呼ぶことがあります。

ひと言でいえば、氏名・肖像の営利利用権で、芸能人などが商売あがったりにならないように認められた権利です。芸能人やプロスポーツ選手の名前や写真を無断で商業利用すると、この権利の侵害とされることがあります。本書では、こうした「パブリシティ権」も含めて、まとめて「肖像権」と呼ぶことにしましょう。

日本には「肖像権法」という特定の法律はありませんが、裁判所は多くの判例で肖像権を認めています。権利としての性格には未整理な部分もありますが、少なくとも「擬似的権利」ではなく、確かにあります。あるどころか、その処理は大変です。たとえばニュース映像などで町を歩いている人の姿が写ると、肖像権を心配しなくてはいけません。対処法はいくつかありますが、対処のしようがなくなると前述の「ハローキティ」の例と同じように顔にモザイクをかけます。

最近は、後ろ姿の人々ばかりの映像が増えた気がします。あれは別に、後ろめたい人や後ろ向きな人が前より増えたわけではなく、基本的には肖像権の問題です。

前述したＮＨＫアーカイブスでも、原則として古い番組で出演していた人々全員から、アーカイブ化の許可をとろうとしたようです。大変な作業です。著作権の処理も大変だったようですが、第一の苦労として挙げられたのは「人権・プライバシー関連」でした。それが五十万以上という保存番組のうち、これまで一％しかアーカイブ公開ができなかった最大の理由のようです。

ペットの肖像権や物のパブリシティ権

では、「ペットの肖像権」ならばどうでしょうか。あるいは、「自動車のパブリシティ権」はどうでしょうか。

もしも、ペットに肖像権があるなら、誰かが公園でかわいい犬を見かけてその姿を撮影しても、公表はできません。本人の承諾がないからです。

あるいは、「ランボルギーニ・カウンタック」のようなスーパーカー（古いですか）を例にとりましょう。それがヨーロッパの街角に駐車していて、バックの街並みにとてもマッチしていたとします。たまたま居合わせた写真家が街並みごと撮影して、ほかの作品と一緒にカレンダーに使ったらどうでしょうか。

おそらく、著作権の問題はありません。前述のとおり乗用車の外観は実用品のデザインであって、原則として著作物ではないからです（→29頁）。ですから著作権は及ばないでしょうが、もしも自動車にパブリシティ権があったら、やはり撮影したりカレンダーに複製することはできません。本人の承諾がないためです。

そもそもこうしたケースで「本人」とは誰なのかも気になるところですが、仮にそんな権利があったら影響は大きいでしょう。ペットというものは、愛犬家や愛猫家の方には怒られるでしょうが、法律的には「物」とされています。ですから、スーパーカーの場合と基本的には同じ理屈で、物に肖像権やパブリシティ権を認めるか、つまり「物の外観という情報をその所有者に独占させるのか」との問題になります。

これは、裁判上は決着がついた問題です。「競走馬」事件最高裁判決（二〇〇四年）という判例があり、そこで「物のパブリシティ権」は明瞭に否定されています。

ところが、トラブルとしてはとても多いのです。「うちのペットの写真を勝手に作品集に載せたのはひどい」「私の車を無断で撮影してブログに載せたのはけしからん」といったクレームです。こうしたクレームを受けた側も、謝罪してその作品集やブログから写真を削除するケースが多いようです。さらには損害賠償やペナルティという名目で、いくばくかの解決金を請求されるケースさえあります。

このうち、作品集などから削除する点については、ペットの飼い主や自動車の所有者の感情に配慮して、そうする方が多いのはうなずけます。ところが、損害賠償をするとなると、これはどうも一歩先に踏み込んでいる気がする。お金を請求する側も、支払う側も、あたかも著作権のような法的な権利の侵害があったようにふるまっていますね。

つまり、ペットの飼い主や自動車のもち主には、「犬や自動車の外観」という情報を独占できる権利があるかのように、行動しています。

寺社・公園の「撮影禁止」

こんな風に、物の所有者がその物の外観という情報への独占権を主張しているようなケースはほかにも見られます。

寺社・公園の「撮影禁止」を考えてみましょう。寺社は昔から、拝観するなら撮影禁止という所は多いでしょうが、最近は公園などでも撮影禁止になっている例が目立ちます。たとえば、新宿御苑では商用目的での撮影は禁止されています。

その根拠はなんでしょう。著作権ではないようです。寺社は、仮に「建築の著作物」だとしても大半は保護期間が切れているはずですし、そうでなくても著作権法では、建築の著作物は基本的に撮影その他の利用は自由という例外規定があります（第四六条）。まして公園は、最初から著作物ではないものも多いでしょう。

もちろん、寺社など人の管理する敷地に入るならば立ち入りの許可が要ります。同じように、たとえば作品を所有者から借り出して撮影しようと思えば、貸してもらわないといけませんから、「撮影するために貸してください」ということで事実上撮影の許可を求めることになります。

また、一般に開放されている公園のような場所でも、そのなかでどんな行為を禁止するか（たとえばバイク乗り入れ禁止、子供だけでの花火禁止など）は、管理者が一定程度はコントロールできるのが原則でしょう。レフ板《ばん》やモデルを使用する規模の撮影など、周囲の人々に影響の出るケースでは、管理者が撮影許可の申請を求めるのも合理的に思えます。

靖国神社を取材した李纓《リイン》監督の映画『靖国ＹＡＳＵＫＵＮＩ』について、神社側が一部映像の削除を求めた際にも、こうした撮影許可がないことなどが理由にされました。

もっとも、税金で運営され一般に開放されている施設の場合、コントロールとはいってもそこには一定の限度があるはずで、周りの人々にさほど迷惑が及ばない利用行為についてまで一律に禁止するのは問題でしょう。

そして、以上はあくまでも、撮影という行為自体に対する制限の話です。立ち入らないと撮影できないケースでは、所有者が施設の管理権限に基づいて撮影をある程度コントロールできているだけです。それは物理的に場所を支配していることの「反射的な効果」に過ぎず、所有者に、寺社や公園の影像という「情報」を独占できる法的な権利があることは意味しません。

実際に、寺社や保護期間の切れた美術品の写真がすでに世の中に出回っているケースがありますね。たいていの美術品は市販の作品集などに載っています。そうした写真を誰かが複写して利用しても、現在の所蔵家は何の文句も言えないと、「顔真卿《がんしんけい》」事件最高裁判決（一九八四年）という判例でも明言されています。

しかし、ここでもペットの肖像権と似た現実があります。寺社や公園の権利は事実上、あるかのように扱われるケースが多い。それが掲載の仕方といった「マナー」のレベルならば話はわかるのですが、実際に法的権利があるかのように掲載の差止が求められたり、お金のやり取りがされるケースも見られます。

敷地への立ち入りや作品の借り出しが関係ないようなケースでも、撮られた写真や映像に対して、何かの権利があるかのようにふるまう所有者は少なくありません。また、相手のほうも、所有者に何か著作権に準ずる権利があるように行動するケースが多く見られます。

こうしたものも、擬似著作権の例といえるでしょう。

菓子・料理の「著作権」

もうひとつ、著作物ではないものが著作物的に扱われる例に、お菓子や料理があります。最近相談をいただくことが多いのが、有名店のお菓子や料理の写真を無断で撮影されて雑誌に使われたとか、ポスターに使われたというケースですね。雑誌に載ればうれしい方が多いのでしょうが、勝手に載せられるのは嫌な場合もあるようで、有名なレストランやラーメン店などで「撮影禁止」の表示も見られます。

「撮影禁止」は公園やレストランに限らず、最近はさまざまな場所で見られます。ひとつにはケータイ社会で、撮影やネットへの写真のアップがされやすくなったことも背景にあるでしょう。撮影のしかたによっては周囲のムードが壊れることもあるし、レストランやラーメン店によっては、ほかのお客さんへの気配りから撮影禁止にしているのかもしれません。

では、そうした「店内マナー」の問題を別にすると、そもそも料理やお菓子の外観は著作物でしょうか。可能性があるとすれば「美術の著作物」なのですが、料理やお菓子はおそらく実用品です。出てくるなり「いただきます」と言って消費してしまうのですから、あれ以上実用的な品はないでしょう。

実用品のデザインは基本的に著作物ではありません。ただし、「海洋堂フィギュア」事件でご説明したように、最初からデコレーション用に特に製作したものや、独立して鑑賞対象になるほどの芸術性があればお菓子や料理も著作物とされるのでしょうが、さすがにそういう例は多くないと思います。

ですから、通常のケースでお菓子や料理の外観に法的権利があるようにふるまい、お客さんもそう行動すれば、これも擬似著作権といえます。

「オリンピック」「ワールドカップ」という言葉と「知的財産」

二〇〇八年、北京オリンピックが開催されました。こうしたオリンピックやサッカー・ワールドカップをめぐっても擬似著作権の例はあります。

イベントやそれにまつわる権利を管理しているのは、オリンピックなら国際オリンピック委員会（ＩＯＣ）、ワールドカップなら国際サッカー連盟（ＦＩＦＡ）や、その関連団体です。

オリンピックやワールドカップが近づくと、こうした団体から通達が新聞社や出版社などに回ることがあります。そこには、要約すれば、「オリンピックやワールドカップという言葉は、ＩＯＣやＦＩＦＡの知的財産だから使い方に注意してください」と書いてあります。

これだけなら、当然のことです。なぜなら、「オリンピック」「ワールドカップ」という言葉は、ＩＯＣやＦＩＦＡが（ある程度まで）各国で商標登録していますし、商標として管理しています。ですから、たとえば誰かがワールドカップ・グッズを勝手に作って売り出せば、商標権侵害になるケースもあります。

しかし、それは商品一般にいえることです。なぜ報道機関を特に選んで通達が来るのでしょう。

よく読むと、通達にはこんなことが書いてあります。「オリンピック」はＩＯＣなどの知的財産だから、雑誌の表紙や広告に勝手にその言葉を使ってはいけません。記事の文中でワールドカップと書くときには必ず「ＦＩＦＡワールドカップ」といった正式名称で書きなさい。さらにそこには小さく「ＴＭ」と書くように、などなど。この「ＴＭ」は広く「商標」（Trade Mark）を指す言葉で、登録商標の場合には「Ⓡ」というマークも使います。

ずいぶん、厳しいですね。「知的財産だから」という理由で、記事のなかで特定の言葉を使うときの表記方法まで細かく指定されています。実際、過去のワールドカップの前後では、こういう記事を時折見かけました。記事中に「ワールドカップ」と書かないのです。「ＦＩＦＡワールドカップ」と、出てくるたびに正式名称で、ちょっと読みづらかった。

仮に、ほかの会社や団体が同じことをはじめたら大変です。この理屈でいけば、「コカ・コーラ」はコカ・コーラ社の登録商標ですし、「マクドナルド」も「スターバックス」も「劇団四季」も「歌舞伎座」も、実は「宅急便」や「サランラップ」も、すべて特定の会社の商標です。

知的財産だから「マック」や「スタバ」のように勝手な略称は使わず、記事に登場するときは必ず「日本マクドナルド®」とか、「スターバックスＴＭ」とか、指定した名称で書きなさいとなったらどうなるでしょう。

商標ではないけれど、著名人の名前には氏名肖像権があるのだから、同じ理屈でいえば「キムタク」も「イチロー」も全て知的財産です。ＴＭに対抗して、個人名だから「ＩＤマーク」にしましょうか。「キムタク」はイメージ戦略にあわなくなったから今後禁止することにしました。「木村拓哉ＩＤ」と書きなさい。キャラクター名も、たとえば「スヌーピー」はいけません。「スヌーピー ©1950 United Feature Syndicate, Inc.」と、権利者名を必ず入れて書きなさい。こんなことになったら、雑誌や新聞の記事は、読みにくくてしょうがないでしょう。

「最近ではサランラップ®のCMでも話題を呼んだ木村拓哉ＩＤは、スヌーピー © 1950 United Feature Syndicate, Inc.とともに、日本マクドナルド®の展開するFIFAワールドカップTM応援キャンペーンの公式キャラクターとして……」なんて、まるで読みにくい法律家の文章みたいで困ります。

前述したようなことに、根拠はあるのでしょうか。結論からいえば、雑誌の記事中で言葉を使っても商標権もその他の権利もほとんど及びませんので、IOCやFIFAの通達の法的な根拠はかなり希薄です。その意味では、いわば出版社への「依頼」「要請」ということができるでしょう。とはいえこの「要請」をまるきり無視する気にもなれないので、それなりに守っている。そんなところではないでしょうか。

つまり、ここでも擬似著作権が生まれていることになります。

さて、擬似著作権の実例を色々挙げてみましたが、これらはいずれも、「自由利用の領域にありそうな情報をさまざまな手段で囲い込む努力」ともいえます。

ネット化で激増した情報量とその囲い込み

こうした擬似著作権による最大の弊害は、社会がその情報を自由に使えなくなることです。申し上げたとおり、情報というものは非競合的で、基本的には何人で使っても減りませんから、共有できれば通常は社会的なメリットが大きいでしょう。たとえば、塩と酢だけで一〇〇％水虫が完治する方法を誰かが偶然発見したとしましょう。できれば、その情報は社会で共有したいものです。無理ならば、せめて筆者とだけは共有してほしい。

なかには、その情報の囲い込みを許す社会的な必要性が認められるものもあります。著作権の場合には、「著作者の収入確保による創作促進」が大きなメリットと考えられてきました。こうしたメリットが認められないならば、その擬似著作権に対して何らかの軌道修正を考える必要があります。

著作権の適用範囲をめぐって、補償金や保護期間延長といった激論がつづく一方で、法律の外に擬似著作権と呼ぶべき情報の囲い込みが数多く生まれています。そのなかにはもっともな理由のあるものもありますが、いわば「言ったもの勝ち」「権利のようにふるまったもの勝ち」と呼べる例も少なくありません。

ネットワーク化によって、私たちの周囲で流通したり、アクセスできる情報の量は飛躍的に増えました。日本で流通するすべての情報量は、十年間で五百三十倍になったという総務省の調査結果もあります。おそらくはそれに劣らぬほどのスピードで、情報を「囲い込み」独占しようとする、さまざまな仕掛けも広がっています。この問題にどう対処するか。そこに文化と社会のゆくえが大きくかかっています。

終章　情報の「世界分割」

自由流通する情報と独占される情報

これまで、さまざまな側面から情報の流通と独占の現在を見てきました。ここで、無謀は承知でこれらを俯瞰図《ふかんず》にしてみましょう（左頁）。

まず、拡大をつづける情報の広大な海原があります。ここでは情報の「非競合性」や「非排除性」が主な理由で、「誰でも自由に情報を利用できる」という大原則が支配します。

そのなかで占有管理される情報があります。この図では独占される情報を破線の内側であらわしました。筆者が知る限り、現状では情報を占有管理する方法は三つしかありません。

第一の方法は「秘匿」です。情報は外部に伝えなければ事実上独占できます。たとえば、一子相伝で伝えられる必殺の剣技や、「店のおかみだけしか調合法を知らないすき焼きの割りした」などです。かつて、情報の独占は、もっぱら組織による秘匿を通じて図られていました。

ただし、この方法による占有管理は、情報化社会の進展で年々難しくなっています。相

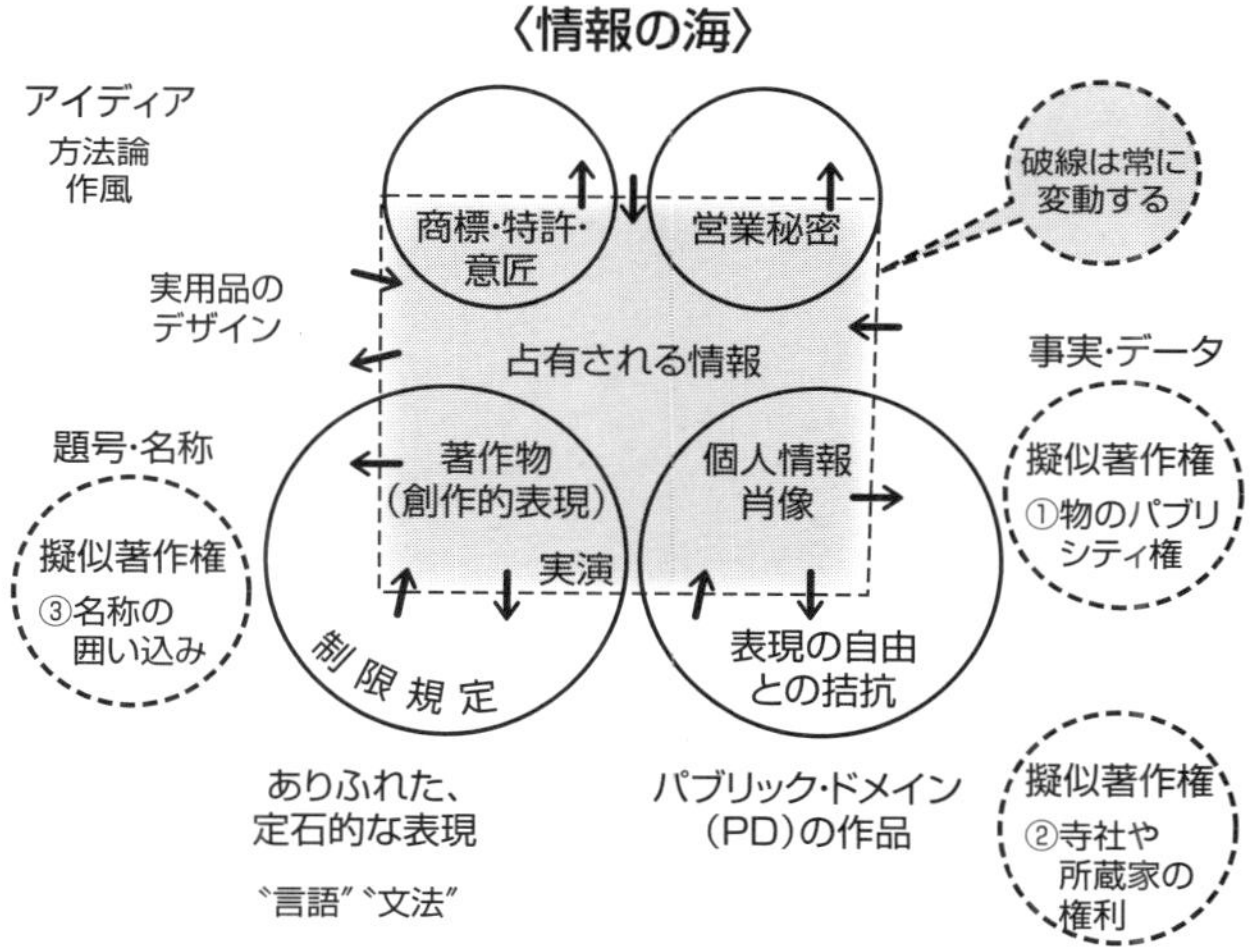

情報の流通と占有

次ぐ情報漏えい事件を例に挙げるまでもなく、一度漏れだした情報は再び独占の網の中に回収することはおよそ不可能だからです。まして、「ユビキタス社会」や「クラウド・コンピューティング」といわれる潮流のなか、個人のもつデータは自宅の棚や一台のハードディスクのなかだけでなく、むしろネット上にさまざまなかたちで点在（汎在）する方向に向かっています。

第二の方法は「技術」です。本書でもたびたび登場した各種のDRMは、情報を流通させて収益をあげながら、なおかつコピー防止や利用課金といった占有管理を及ぼせる手段です。

しかし、この方法にも限界があり、あらゆる技術には「技術による抜け穴」がつきものです。一度プロテクションをはずされて流出した情報は、やはり独占の網の中に回収することは難しいでしょう。

第三の、そして現状では最強の占有管理の方法は「法的権利」です（ここでは「個人情報保護法」のような規制法も含めます）。これは、複製可能な状態で現に流通している情報にも、なお独占の網を及ぼす唯一の手段です。いくらプロテクションをはずされたＤＶＤ映像を入手した者がいても、それを利用してネット配信ビジネスをおこなえば著作権侵害であり、状況によっては重い刑事罰が科されるからです。

ここに、情報化社会にとっての法的権利（特に知的財産権）の決定的な影響力がありまず。

法的権利によって独占される情報のなかで最大のものは、「著作物」です。著作物という情報は、著作権によってほとんど占有管理が許されています。誰に利用させるか、利用させないか、それは著作権者の自由です。その情報だけでなく、類似した情報まで独占できることが著作権の最大の特徴でしょう。

著作物にあたらない多くの情報は独占領域の外（破線の外側）です。たとえば、「ありふれた、定石的な表現」は、創作性がないから著作物ではありません。自由流通の対象になりますから、破線の外側です。究極の定石表現として、言語や文法も破線の外側です。日本語は誰のものでもありません。

それから、「事実やデータ」も自由流通側です。作品の着想とかテーマといった「アイディア」もそうです。アイディアのうちに含めて考えますが、「空気遠近法」のような方法論や「アニメ絵」といった作風も破線の外側ですね。究極のアイディアとして、思想や真理もそうです。宗教の教義も真理として語られていますから、著作物ではないかもしれません。

それから、作品の「題号」も多くは著作物にあたらないと考えられていますから、破線の外側です。同じく「実用品のデザイン」。これは政策的な理由もあって、現在は一品製作の美術工芸品や高度の美術性のあるものを除いては著作物ではありません。例外的に意匠登録されると意匠権が働くため独占情報のなかに入ってきますが、登録されない限りは破線の外側ですし、意匠権は期間も権利の及ぶ範囲も狭い（↓29頁）。

また、著作物にあたるけれど、あえて独占情報の外側に置かれているものもあります。まずは、「パブリックドメイン（ＰＤ）の作品」です。著作権の保護期間が切れれば著作物は自由情報の海に帰されるのです。

それから、各種の「制限規定」があります。たとえば私的複製は、情報独占の外側に置かれている。別な言い方をすれば、同じ著作物という情報でも、独占の範囲には入らない利用もあるということです。

著作隣接権などの対象になる「実演」といった情報も、著作物より権利の範囲は狭いものの、以上と類似した扱いを受けます。

独占される情報として、近時著作物と並ぶほど拡大したものに、個人の「肖像」や「個人情報」があります。これは誰が創作したものでもないから著作物ではありませんが、肖像権やプライバシーという別な観点から、一定の条件で独占情報に入ってきます。

他方、物にはパブリシティ権は及びませんし、所有者は物の外観や影像を独占できないという最高裁の判例がありますから、ペットなど物の外観は原則として破線の外側です。

このほか、「特許」「商標」「営業秘密」など、法律で特別に情報独占が許されている情報はほかにもありますが、情報の量という点では著作物や肖像には遠く及ばないでしょう。

グレーな境界と、境界の変動

これらがいわば、情報の自由流通と占有管理の現在形であり伝統的なかたちですが、第一に、両者の境界線は「線」と呼ぶにはあまりに曖昧です。しばしば、境界はグレーです。言葉にすれば、「創作的な表現（著作物）はＰＤでなく制限規定が働かないなら独占の内側。事実やデータは外側」というように区別できますが、実際にはその「事実」と「創作的な表現」の境目がグレーです。「創作的な表現」と「ありふれた表現」の境目もグレーです。「アイディア」と「表現」の境目もグレーです。せめて、「ＰＤの著作物」と「保護期間中の著作物」の境目くらい明確にすべきなのですが、映画の著作物は旧著作権法からの経過措置に問題があって、ここにも曖昧さがあります。

このように境界がグレーになるのは、表現をめぐる法律という性格上やむを得ない部分があります。ただ、日本では立法も司法も、事前の予測がしやすいよう境界についてのガイダンスを社会に与えようという姿勢が、やや希薄なのかもしれません。

そして第二に、この境界が変動するのです。

権利の問題ではありませんが、技術の変化でも変動します。さまざまな複製手段が増えると、独占されているはずの著作物がわからない所で複製されたり流通しているケースが増えます。そこで、これを技術で制限しようとして「DRM」が発達しました。本来できるはずの私的複製をできなくするのですから、いわば独占領域の境界を技術で押し広げようというものです。

次に、「社会の法化」が進み、権利意識が高まったり厳罰化が進みますと、境界の周辺(つまりグレー領域)では萎縮効果、自粛が起こります。この場合、境界付近の情報は利用が控えられますから、境界は事実上拡大されたことになります。

さまざまな「擬似著作権」は、いわば境界の外側に無理やり植民地を作るようなもので、独占の領域は大幅に拡大します。

反対に、権利の「集中管理」が進んだり、クリエイティブ・コモンズのような「パブリック・ライセンス」が普及すると、この領域は縮小します。なぜなら、一定の条件を充たせば使える情報が増えるからです。充たしやすい条件が付いていればですが、交渉なく使えるのですから、領域の縮小には違いありません。

最後に、制度そのものが動くことがあります。たとえば、「保護期間の延長論」は、著作権による独占領域をさらに二十年分拡大しようという動きです。「フェアユース」が導入されると自由に使える情報は増えますから、これは領域を縮小させます。さらにドラスチックに、「作品登録制」にすると著作物として守られる情報の数はおそらく激減しますから、これは大幅な縮小策です。

現在、社会でさまざまに議論されている問題は、独占され囲い込まれる情報の拡大縮小をめぐるせめぎあいということもできます。こうした議論に影響を与えるのは、技術の変化を引き金とする、産業や消費のあり方といった社会の変化でしょう。

情報大航海時代と新たな「世界分割」

十五世紀にはじまる大航海時代、列強による世界分割が世界の力の秩序を決定づけたように、過去百年間の技術の発達は情報の海を爆発的に広げ、あらゆるレベルでその独占囲い込みをめぐるせめぎあいを激化させているように見えます。グーグル和解のようなディジタル化をめぐる攻防も、こうしたせめぎあいの一環といえるでしょう。

情報化社会のゆくえを考えるうえでは、著作権をはじめとする各種の知的財産権の「内容」もさることながら、そうした権利を「誰がどう管理するか」も決定的な要因です。米国のさるＩＴ企業の幹部は最近、世界のコンピュータデータは最終的に、グーグルやアマゾンなどの五つの米系企業のサーバーに集約されるだろうと予測しました。これはおそらく、情報の「流通」を少数の企業が握るようになるという予測です。仮にこうした「流通」とともに情報の「権利」をも握る者が現れれば、その者は情報の大海の覇者となるでしょう。

情報は領土と違い、大勢の人間が共有しても少しも減りません。過度な独占には歯止めが必要でしょう。同時に、創作者がその知恵と努力に見合った収益を得て、明日の創作へと再投資できることも重要です。情報の活発な流通をはかりつつ、いかに創作者側に収益を還元していくか。そこに新しい創造やビジネス、豊かで多様な社会にとっての鍵があります。

本書で紹介した、「テクノロジーとの共存」「多次的創作」「保護期間」「アーカイブ」「フェアユース」「権利情報とライセンスのしくみ」なども、私たちの社会が、日本なりの戦略やビジョンをもって最適解を探っていくべき問題です。

議論の過程で、曖昧で不公正な「グレー領域」は明確化されていくべきです。しかし筆者は、グレー領域がまったく無くなるべきだとは思いません。「多次的創作」で触れたとおり、そのなかには、微妙に関係者の価値観やビジネス上の事情が反映され、バランスがはかられているケースがあるからです。

創作や流通の現場を知り、現場を動かす協働のメカニズムを知ること。そのうえで、文化と社会の未来を見据えたねばり強い思考や対話から、情報の大航海時代を乗り切る「やわらかい法律」としての著作権の未来像を考えていくことが大切だろうと思います。

あとがき

前著『著作権とは何か』を刊行してからはや四年半が経ちました。前著では著作権というものの基本的知識と、それが本質的に（つまり伝統的に）抱えている問題を、できるだけ簡明に整理しようとつとめました。刊行後、予想をはるかに超える幸福な支持を、多くの読者の方から頂くことができました。

本書では、もう一歩あゆみを進めて、著作権を中心とする「情報の独占制度」が直面している課題とその変わりゆく姿を、ディジタル化・ネットワーク化によって急速に拡大をつづける情報世界との関わりのなかで、筆者なりに描きだそうと試みました。

今回も執筆は難行し、そうした目的を一部でも達せられたかといえばはなはだ心もとなく、読者のご批判をあおぐばかりです。

前著の冒頭に、筆者は「両親へ」と、ずいぶん気恥かしい献辞を載せました。

この時点で、筆者の父は何年も抱えていた不運な病気の最終段階にいました。自宅で療養していたものの日増しの衰えは明らかで、筆者は彼が生きているうちに、刊行された本と「両親へ」の言葉を見せたかったのです。さいわい本は間に合い、筆者はできたての前著を抱えて山深い両親宅を訪れました。

新書を差しだすと、父はくだんの言葉に目を止め、じっと見つめている。なにしろ最初の単著を捧げるというのですから、筆者としては当然、感動的な返答を予想したのです。

長い間があって、「で」と前置きすると父は言いました。

「印税はいつ、入るんだ」

「……え？」

「本を捧げるということはだ、印税もうちのもんだろ？」

そのわずか三日後に父は倒れ、入院先から二度と戻ることはありませんでした（もっとも、予想より長くなった病院での最後の日々、看護婦さん達を毎日冗談ぜめでしたが）。父はラグビーと長嶋を愛し、働きづめの一生を送り、さしたる財産をのこした訳でもありません。しかし、人生に何度か訪れる残酷な局面に、どう向きあうべきかは、身をもって教えてくれたように思います。

病気も奪うことができなかった、彼の笑いを武器にして、です。

そんな場面を残してくれたという意味で、前著は、二重の意味で間に合ったのでしょう。

本書も前著と似て、東京大学大学院（人文社会系）や東京藝術大学で筆者が担当した講義や、社団法人著作権情報センター（ＣＲＩＣ）などでおこなった講演の内容がもとになっています。

参考文献に記載した書籍・資料のほか、そうした拙い講義に熱心に参加してくれた学生たち（とりわけ本書で紹介したいくつかの作品を教えてくれた方々）、貴重な知見と助言を与えてくれた安藤和宏さん、栩木章さん、金正勲さん、上野達弘さん、富田倫生さん、生貝直人さん、文化庁「次世代ネットワーク社会における著作権制度のあり方に関する調査研究会」メンバー、「著作権保護期間の延長問題を考えるフォーラム」（ｔｈｉｎｋ Ｃ）メンバー、多くの論争相手たち、本書全体に目を通してコメントしてくれた二関辰郎弁護士をはじめとする事務所の仲間たちに、心から感謝します（言うまでもなく、文責は筆者ひとりにあります）。

そして何よりも、筆者を導いてくれた、著作権分野の先人たちの深い思索の蓄積がなければ、本書は誕生しませんでした。そうした思いで、本書冒頭の献辞があります。

また、集英社新書編集部の椛島良介編集長、今回も筆者を叱咤激励してくれた同編集部の鯉沼広行さん、綜合社編集部三好秀英さん、最後にいつもながら筆者の妻とふたりの娘の忍耐と応援に、心から感謝します。

今回も、本文中の引用図版はすべて、筆者の責任で選択し掲載したものです。

二〇〇九年　師走の夜に

福井健策

主要参考文献

ウィキペディア、パテントサロン、その他各新聞及びウェブ情報
田村善之著『著作権法概説　第2版』（有斐閣・二〇〇一年）
加戸守行著『著作権法逐条講義　五訂新版』（著作権情報センター・二〇〇六年）
中山信弘著『著作権法』（有斐閣・二〇〇七年）
斉藤博著『著作権法　第3版』（有斐閣・二〇〇七年）
Robert A. Gorman & Jane C. Ginsburg, *Copyright* (6th Ed., Foundation Press 2002)、及び同書の翻訳である内藤篤訳『米国著作権法詳解―原著第6版―』（信山社・二〇〇三年）、及び同書のCase Supplement and Statutory Appendix
金井重彦著『デジタル・コンテンツ著作権の基礎知識』（ぎょうせい・二〇〇七年）
山本隆司著『アメリカ著作権法の基礎知識　第2版』（太田出版・二〇〇八年）
半田正夫・松田正行編『著作権法コンメンタール　1〜3巻』（勁草書房・二〇〇九年）
佐々木俊尚著『ネット未来地図　ポスト・グーグル時代　20の論点』（文春新書・二〇〇七年）
NHKスペシャル取材班著『グーグル革命の衝撃』（新潮文庫・二〇〇九年）
西田宗千佳著『クラウド・コンピューティング　ウェブ2.0の先にくるもの』（朝日新書・二〇〇九年）
猪熊建夫著『新聞・TVが消える日』（集英社新書・二〇〇九年）
河島伸子著『コンテンツ産業論』（ミネルヴァ書房・二〇〇九年）
佐藤卓己著『現代メディア史』（岩波書店・一九九八年）
ヴァルター・ベンヤミン著、浅井健二郎編訳、久保哲司訳『ベンヤミン・コレクションI　近代の意味』（ちくま学芸文庫・二〇〇〇年）

太下義之「マイ・コンテンツ／メタ・クリエーション」季刊　政策・経営研究　２００７Ｖｏｌ．１（三菱ＵＦＪリサーチ&コンサルティング）
高階秀爾著『西洋美術史』（美術出版社・二〇〇二年）
川島武宜著『日本人の法意識』（岩波新書・一九六七年）
六本佳平著『日本の法と社会』（有斐閣・二〇〇四年）
林紘一郎編著『著作権の法と経済学』（勁草書房・二〇〇四年）
山田奨治著『〈海賊版〉の思想　18世紀英国の永久コピーライト闘争』（みすず書房・二〇〇七年）
田中辰雄・林紘一郎編著『著作権保護期間　延長は文化を振興するか？』（勁草書房・二〇〇八年）
Brief of George A. Akerlof et al. as Amici Curiae in Support of Petitioners at 12, *Eldred* v. *Aschcroft*, 537 U.S. 186 (2003) No.01-618.
デジタルアーカイブ推進協議会編『デジタルアーカイブ白書　２００５』（二〇〇五年）
名和小太郎著『ディジタル著作権　二重標準の時代へ』（みすず書房・二〇〇四年）
「【特集】著作権制度のリフォーム」知財研フォーラム　２００８　Ｖｏｌ．75（知的財産研究所）
内藤篤・田代貞之著『パブリシティ権概説　第2版』（木鐸社・二〇〇五年）
大家重夫著『肖像権　新版』（太田出版・二〇〇七年）
丹野章『撮る自由』（本の泉社・二〇〇九年）
福井健策著『著作権とは何か』（集英社新書・二〇〇五年）
福井健策・二関辰郎著『ライブ・エンタテインメントの著作権』（著作権情報センター・二〇〇六年）
福井健策編　内藤篤・升本喜郎著『映画・ゲームビジネスの著作権』（著作権情報センター・二〇〇七年）
福井健策編　前田哲男・谷口元著『音楽ビジネスの著作権』（著作権情報センター・二〇〇八年）
福井健策編　桑野雄一郎著『出版・マンガビジネスの著作権』（著作権情報センター・二〇〇九年）

文化審議会など各審議会、委員会配布資料
コピライト（著作権情報センター）各号
著作権判例百選（有斐閣）各版　ほか各判例誌

欧文

ま

や

ら

な

は

さ

た

索　引

主要な箇所のページに限る

福井健策（ふくい　けんさく）

弁護士・ニューヨーク州弁護士。一九九一年東京大学法学部卒業、九三年弁護士登録（第二東京弁護士会）。米コロンビア大学法学修士課程修了。二〇〇三年骨董通り法律事務所For the Artsを設立。専門分野は芸術文化法、著作権法。日本大学藝術学部客員教授、「著作権保護期間の延長問題を考えるフォーラム」世話人、各審議会・委員会委員を務める。著書に『著作権とは何か——文化と創造のゆくえ』、編著書に『エンタテインメントと著作権』全四巻など。

骨董通り法律事務所For the Arts
http://www.kottolaw.com
Twitter:http://twitter.com/fukuikensaku

著《ちょ》作《さく》権《けん》の世《せい》紀《き》

二〇一〇年一月二〇日　第一刷発行　　集英社新書〇五二七A

著者……福井《ふくい》健策《けんさく》
発行者……舘　孝太郎
発行所……株式会社集英社
東京都千代田区一ツ橋二-五-一〇　郵便番号一〇一-八〇五〇
電話　〇三-三二三〇-六三九一（編集部）
〇三-三二三〇-六三九三（販売部）
〇三-三二三〇-六〇八〇（読者係）

装幀……原　研哉
印刷所……大日本印刷株式会社　凸版印刷株式会社
製本所……加藤製本株式会社

定価はカバーに表示してあります。

ISBN 978-4-08-720527-5 C0232

集英社新書　好評既刊

政治・経済――A

アメリカの経済支配者たち	広瀬　隆
笑いの経済学	木村政雄
文明の衝突と21世紀の日本	S・ハンチントン
ユーロ・ビッグバンと日本のゆくえ	長坂寿久
沖縄、基地なき島への道標	大田昌秀
「借金棒引き」の経済学	北村龍行
台湾革命	柳本通彦
個人と国家	樋口陽一
アメリカの巨大軍需産業	広瀬　隆
現代イスラムの潮流	宮田　律
機密費	歳川隆雄
サイバー経済学	小島寛之
貧困の克服	アマルティア・セン
集団的自衛権と日本国憲法	浅井基文
クルド人　もうひとつの中東問題	川上洋一
外為市場血風録	小口幸伸
魚河岸マグロ経済学	上田武司
移民と現代フランス	M・ジョリヴェ
メディア・コントロール	N・チョムスキー
緒方貞子―難民支援の現場から	東野　真
アメリカの保守本流	広瀬　隆
「憲法九条」国民投票	今井　一
「水」戦争の世紀	M・バーロウ　T・クラーク
国連改革	吉田康彦
9・11《ナイン・イレヴン》ジェネレーション	岡崎玲子
朝鮮半島をどう見るか	木村　幹
誇りと抵抗	アルンダティ・ロイ
イラクと日本	宮田　律
帝国アメリカと日本　武力依存の構造	C・ジョンソン
覇権か、生存か	N・チョムスキー
サウジアラビア　中東の鍵を握る王国	A・バスブース
戦場の現在	加藤健二郎
著作権とは何か	福井健策